「科学の目」で日本の戦争を考える

不破哲三

新日本出版社

まえがき

「『科学の目』で日本の戦争を考える」は、二〇一四年一一月三日、第四一回赤旗まつりの「科学の目」講座でおこなった講演ですが、雑誌『前衛』に掲載した際に、全体に補足・整理の手をくわえた上、一連の注の書き込みをおこなったものです。本書に収録するにあたって、若干の誤記をあらためました。

私は、これまでにも、日本の戦争について、いくつかの本を書いてきましたが、今回の講演では、侵略戦争と他国への支配という戦争の性格の問題にくわえて、

——どんな仕組みで戦争をやったのか（戦争指導部の実態）、

——兵士たちはどんな戦争をさせられたか、

——国民がどんな扱いを受けたか、

の三つの角度を新たにくわえて、日本の戦争の真実の姿を全面から明らかにする努力をしました。

なお、この講演のなかで、二〇〇五年に、「しんぶん赤旗」紙上で小泉純一郎首相（当時）の靖国参拝を批判した一連の論文の筆者・北条徹が、私のペン・ネームの一つだったことを明らかにしました。すでに小冊子『〝靖国史観〟とアメリカ』（二〇〇五年、日本共産党中央委員会出版局）として公刊されていますが、あらためてこの本にも収録しました。当時、小泉氏の取った立場は、「侵略と植民地支配」の歴史を反省した村山談話の承継を明言しながら、靖国参拝に固執し続けたところにありました。そのために、北条論文の焦点は、靖国神社の核心的な実態がどこにあるかを、この神社の公式の言動に即して明らかにし、侵略戦争への反省の意思表示と、靖国神社への参拝という行動とが両立しがたいことの実証におかれました。

「日本の戦争」の美化・礼賛の潮流が政権党を支配するにいたった今日、この潮流を打破して、日本の未来を拓く国民的な闘争に、本書がいくらかでも役に立てば、幸いです。

不破　哲三

二〇一五年二月

「科学の目」で日本の戦争を考える

目次

「科学の目」で日本の戦争を考える

みなさんこんにちは。第二会場のみなさんもこんにちは。
四年ぶりの講座で、また、お目にかかりました。
今朝も早い方は九時頃からおならびになったようで、感謝感激であります。

戦争をどう考えるかは日本の前途を左右する問題

今回の「科学の目」講座は、「日本の戦争を考える」という表題にしました。

実は来年（二〇一五年）が、第二次世界大戦が終わって、ちょうど七〇年目なのです。連合諸国と世界の反ファシズム、民族解放の立場にたつ諸国の人民が、日本・ドイツ・イタリアという三つの侵略国家を打ち破って戦後の世界の平和秩序に道を開いた七〇周年の記念の年です。この年を日本国民がどういう立場で迎えるのか、このことが世界中から注目される年になっています。

私自身は、生まれた翌年に〝満州事変〟が始まりました（一九三一年九月）。それから小学校二年生の七月（三七年）に日中戦争です。六年生の一二月（四一年）に太平洋戦争が始まり、中学三年から、東京・品川の電機工場への勤労動員となり、そこで四年生の八月（四五年）に戦争の終結を迎えました。まさに戦争の時代に育ってきた世代でした。

いま、日本の政界では、戦争の実体験を持たない世代の観念的な〝戦争美化論〟が横行しています。いわゆる〝靖国《やすくに》史観〟の信奉者が政権をのっとっている今日、日本の戦争の実態を、事実にもとづいて科学的にとらえることは、日本の前途を左右する根本問題となっています。「科学の目」講座はこれで五回目になりますけれども、今回は、その意味で、私自身の体験も含めて、日本の戦争というのはいったい何だったのかということを、いくつかの角度から考えてみたいと思いました。

戦争をどう考えるかは日本の前途を左右する問題

戦争の性格はなんだったのか

まず、最初は、あの戦争の性格はなんだったのかということです。

この判断のできない政府は国際政治に参加する資格がない

実は歴代の自民党政府は、〝侵略戦争であるかどうか、戦争の性格は後世の歴史家が決めるものだ〟といって逃げてきました。

私は、国会議員になった最初の時期、ちょうど日本が中国と国交回復（一九七二年九月）をした翌年の一九七三年二月二日の衆院予算委員会で、国交回復の交渉をしてきた田中角《かく》栄《えい》首相に、過去の中国に対する戦争について、「侵略戦争と考えるのか、それとも別の戦争と考えているのか」と質問したのです。戦争の終結を確認しての国交回復ですから、あの戦争について少なくとも最小限の反省は表明してきただろうと考えての質問でした。ところが、返ってきた答弁は、そんなことは「私がなかなか言えるものではない」という答弁です。

私は続いて、「それなら、アメリカに対する戦争、東南アジア諸国に対する戦争」を含めて、「太平洋戦争全体を侵略戦争と考えないという立場か」と追及しますと、「それをいま私が、あなたの質問に答えて、侵略戦争であったかなかったかという端的なお答えは後世の歴史家がするものだという以外にはお答えはできません」、あの戦争を侵略戦争だなどという畏《おそ》れおおいことは、とても言えない、といった調子の答えでした。私はその場で首相のこの見解をきびしく糾弾しましたが、自民党政府のこの態度には、本当に驚きました。中国側は「文化大革命」という異常な事態の最中でしたが、田中首相はいったい、どんな顔をして中国と国交回復をしてきたのだろうかと、驚かざるをえなかったのです。

それから、一六年たった一九八九年二月、田中派の幹部だった竹下登氏が首相になった時ですが、彼もまた、国会で日本の戦争の性格が問題になると、それは「後世の歴史家が判定するものだ」という田中氏譲りの答弁を連発していました。

そこで私は、予算委員会で、〝あなたは日本の戦争が侵略戦争であったかどうか、自分には言えないと言ったけれども、では、ヨーロッパでヒトラーがやった戦争についてはどうだ〟と追及したのです。彼は答弁に窮しました。日本の戦争は後世の歴史家に任せると言った以上、ヒトラーの戦争の方は侵略戦争だとは言えないのです。そして、ついに竹下首相が言ったのは、次の答弁でした。

ヒトラーの戦争をふくめ、「どの戦争も学問的に定義するのは非常にむずかしい」。

日本の首相が、ヒトラーの戦争についても侵略戦争だと認めない。この答弁は、日本のマスコミはあまり注目しませんでしたが、世界のメディアには衝撃を与えました。アメリカのAP通信社がびっくりして世界中に打電しました。その通信を日本で発行されていた新聞のどこが取り上げたかというと、アメリカ軍の太平洋軍の準機関紙「パシフィック・スターズ・アンド・ストライプス」(一九八九年二月二四日付)でした。「竹下の第二次世界大戦発言　批判を呼ぶ」という見出しをつけて大々的に報道したのです。

日本の戦争に対する自民党政府の態度が国際的な注目を浴びたのは、私は、これが最初だったと思っています[★]。

★　**ヒトラーの戦争をめぐる竹下首相との論戦**　この論戦の内容は、次の通りです(衆院予算委員会総括質問・八九年二月一八日)。

不破　あなたは戦争の性格についてきかれた時に、後世の歴史家が判定することだと答えました。私は一六年前に、田中首相から同じ答弁をここで聞きました。

それならあなたは、日本が当時、軍事同盟を結んでいたヒトラーのドイツがヨーロッパでやった戦争については侵略戦争だと考えますか、どうですか。

竹下首相　侵略戦争ということに対する学説というのは、大変実際多岐にわたっています。どれを侵略戦争の基準におくべきかという学問的立場から申しますと、国連における議論というのも必ずしもこれで決定ずみだというふうには思われません。大変悲しい行為であったことは事実ですが、侵略戦争の限定の仕方というものは大変難しい問題だと整理しています。

不破　そうすると、あなたの整理の仕方だと、ヨーロッパでヒトラー・ドイツがやった戦争についても、侵略戦争であるかどうか言えないということですか。

竹下　どの行為をもって侵略行為——侵略行為とかいうものは私はありえると思っています。が、その一つの戦争全体を侵略戦争だということを、学問的に定義するのは、非常にむずかしいというふうに、私の勉強では思っています。

不破　これは学問の問題ではないのです。日本は国際政治に貢献すると言っている。しかし、国際政治に貢献するという場合、国際政治の上でなにが正義で、なにが不正義かということはたえず判定しなければいけないわけです。現にあなたがたは、いろんな事件が起きれば、これは武力による他国の領土の侵略だとか、あるいは他国にたいする威圧として肯定できないとか、あるいはこの行為は自衛だから認められるとか、そういう判定をやらざるをえないでしょう。

ところが肝心の日本がやった戦争について、しかもあれだけの軍隊を中国に派遣して他国の領土を占領し、東南アジアを荒らし、各国を一方的に攻撃して二〇〇〇万の犠牲者を出した。そういう現実の行為がありながら、侵略であるとか侵略でないとか、あるいは正義のものであるとか不正義のものであるとか、そういう判定がつかないというのがあなたがたの立場であるならば、いったいいまの国際政治の中で何をもって平和の問題や民族独立の問題に対処しようというのでしょうか。これは学問の問題ではないのです。

しかも、侵略戦争をやった国として国際的な批判をうけ、その反省を憲法に明記した国の首相として、あなたは過去の戦争について態度を問われているのです。

竹下　過去の戦争にたいして、これは偶発的であったとか、これは自衛行為であったとか、いろいろ議論があることは私もよく承知しています。しかし、これを総括して侵略戦争だということは後世の史家が評価すべき問題であろうと思っています。

不破　第二次世界大戦について、日本がやったこともヒトラー・ドイツがやったことも、侵略戦争と言えない政治家が、日本という国の政治の頂点に座っているということは、今日の世界にとって一つの脅威だと思います。

このことは何べんも議論があって、中曽根［前］首相さえ侵略戦争であったということを結局は認めました。しかし、ふたたびそれが一六年前の、後世の歴史家の判定にまつという立場に戻り、さらにヨーロッパの戦争についてまで、世界の世論の中でも当のドイツにおいても明確に結論が出されている戦争にまで拡大されたということは、非常に重大だということを指摘したいと思います。

いったい、あれだけの戦争をやって、侵略戦争であったかないかが、いまだに言えない政府が、何で今日の国際政治に参加できるでしょうか。世界で何かあったら、これが不正義の侵略なのか、それとも理屈のある正義の戦争なのかが、絶えず問題になります。その日から日本の政府の態度が問われます。

そのときに、後世の歴史家が決めるでしょう、こんなことをいう政府は、国際連合に入っている国のなかでどこにもありません。

「侵略戦争」の事実は、日本の政府・軍部の公文書が証明している

日本の戦争の性格を決めるには、別に歴史家に相談するまでもないのです。問題は本当に簡単明瞭です。侵略戦争とは何か。武力で領土拡大をはかる、これは侵略戦争です。武力で外国の支配をはかる、これも侵略戦争です。だれでもわかる話でしょう。

では、日本の戦争の歴史を、この尺度で見たらどうでしょう。日本の侵略戦争は、明治時代の日清・日露の戦争に始まりますが、今日は、〝満州事変〟（一九三一年に開始）から太平洋戦争（一九四五年に終結）にいたるいわゆる「一五年戦争」について、話をします。

〝満州事変〟（一九三一年九月）

一九三一年九月に日本の軍部が起こした戦争ですが、日本は〝戦争〟という言葉を避けて（その理由はあとで説明します〈本書七八～八〇ページ〉）、〝満州事変〟と名付けました。

〝満州〟とは、現在の中国東北部のことです。

この地域には、一九〇四～〇五年の日露戦争の結果、日本がロシアから手に入れた「権益《けんえき》」（大連《だいれん》、旅順《りよじゆん》などの港を含む遼東《りようとう》半島の南西部の租借《そしやく》権［★1］と南満州鉄道［★2］の経営権）があって、その防衛を名目として日本の軍隊である「関東軍」［★3］が配置されていました。

★1　**租借**　国家間の合意によってある国の領土を他国に貸与すること。その領土の統治権は貸与された国がもつのが普通でした。実際には、一九世紀以後、中国などアジア諸国にたいするヨーロッパ諸国の侵略の方式の一つとなり、帝国主義戦争で勝利した国が、戦敗国の租借地を譲渡されることも、しばしばありました。

遼東半島の南西部は、帝政ロシアから受け継ぐ形で日本が中国から奪取した租借地で、日本はここを「関東州」と名付け、そこに総督府をおきました。

★2　**南満州鉄道**　帝政ロシアが〝満州〟の植民地経営のために創設した東清《とうしん》鉄道を、日本が譲り受けたもの。これを経営する国策会社・南満州鉄道株式会社（通称・満鉄）は、鉄道の沿線に広大な付属地を持ち（この付属地も関東州の一部とされた）、その地域の行政権とともに日本軍の駐兵権も保障され、多くの分野にも手を広げた満鉄コンツェルンに発展する一方、中国にたいする日本の軍事支配の拠点として働きました。

★3　**「関東軍」**　関東州および南満州鉄道の防衛のために、この地域に配置された日本軍。次第に軍中央部からの独立性も強め、日本の中国侵略の先兵として活動、〝満州国〟で独裁的な権限をふるいました。

〝満州事変〟とは、「満洲と蒙古《もうこ》［★］」を日本の領土にするのがわれわれの使命だと豪語していたこの関東軍が、勝手に始めた戦争で、そのやり方も、完全な謀略でした。夜中に自分で南満州鉄道を爆破して、中国軍の仕業だときめつけ、深夜眠っている中国軍を攻撃して、戦争を開始したのです。

★ **蒙古** ここでは「内モンゴル」を意味していました。いま日本の大相撲で活躍しているモンゴル勢の母国は、当時は「外モンゴル」と呼ばれていました。

この爆破事件が起こったのは九月一八日の深夜でしたが、九月一九日の朝には、現地の奉天《ほうてん》（いまの瀋陽《しんよう》）にいる日本の外交官・総領事が事件の真相について外務省に電報を打って、〝今度の事件は、まったく日本の軍部の計画的な行動によるものだと想像される〟と報告していました。

私は、ここに『日本外交年表 竝《ならびに》 主要文書 1840―1945』（外務省編纂、上下2巻本、一九五五年、日本国際連合協会）を持ってきています。これは、明治百年を記念して、日本の外務省が、江戸時代の最後の時期から太平洋戦争の終結までの主要な外交文書をまとめて発行したもので、いわば日本政府公認の公式文書集です。いま紹介した奉天駐在総領事の電報も、この本にちゃんと収録されています［★］。つまり、〝満州事変〟が日本の関東軍が自分で起こした謀略戦争だったということは、政府公認の公式文書で証明されているのです。

★奉天駐在総領事の電報　林久治郎《きゅうじろう》総領事は、事件発生のあと、外務大臣あてに、事件を機に戦争拡大に暴走しようとする関東軍の行動を止めるようにとの電報を何通も打っていますが、『主要文書』に収録されている最後の電報は、次のように、爆破事件そのものの真相に鋭く迫ったものでした。

「参謀本部建川［美次《よしつぐ》］部長は、十八日午後一時の列車にて当地に入込みたりとの報あり。軍側にては極秘に附しおるも、右はあるいは真実なるやに思われ、また満鉄木村［鋭一《えいいち》］理事の内報によれば、支那《しな》［中国のこと］側に破壊せられたりと伝えらるる鉄道箇所修理のため、満鉄より線路工夫を派遣せるも、軍は現場に近寄せしめざる趣《おもむき》にて、今次の事件はまったく軍部の計画的行動に出たるものと想像せらる」（『日本外交主要年表竝主要文書・下』一八一ページ）［＊］。

事件当日、参謀本部の幹部がわざわざ奉天に乗り込んでいたのです。しかも、本当に中国側に鉄道が爆破されたのなら、一刻も早い復旧が必要なはずなのに、「満鉄」が派遣した保線工夫の現場近寄りが拒否されました。まったく「関東軍」の「計画的行動」だとする総領事の評価は、まさに謀略の核心を射あてたものでした。

＊　公文書を引用するさい、読みやすくするため、カタカナをひらがなにしたり、送りがなを加えるなど、表記をあらためた点があります。ご了解ください。

日本の政府の外交代表が見ても、日本の軍部が自分で爆破したに違いない、そういう内

第１図　領土と支配権の拡張（1905 ～ 1933年）

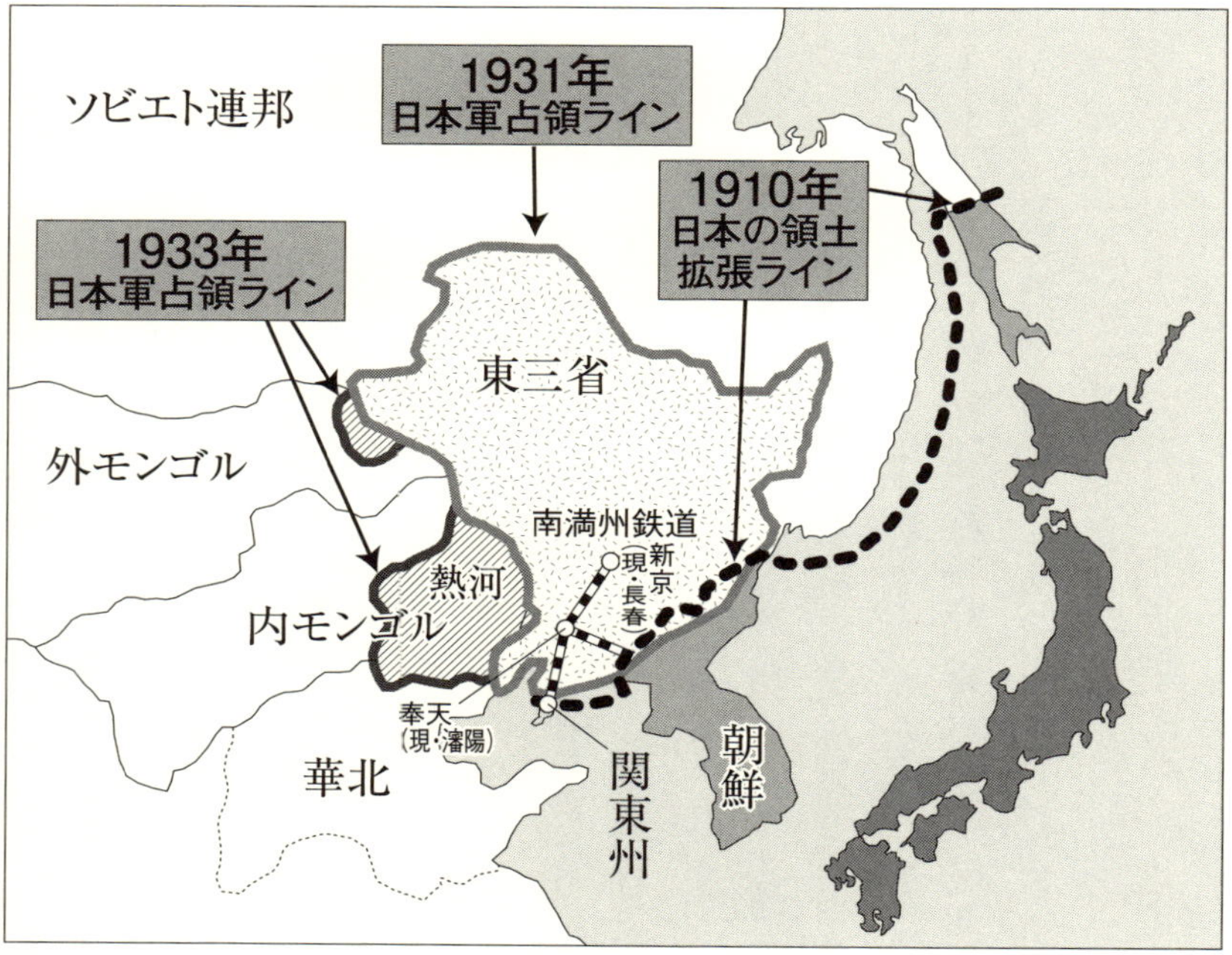

容の電報を打っているのです。

しかし、その電報をうけた日本の外務大臣は、会議でその内容を一応は読み上げながら、軍部の行動への反対を主張することができません。こうして、政府が、軍の謀略を知りながら、この戦争行動にお墨付きを与えて、そのまま進めさせたのが〝満州事変〟でした。その結果、数カ月で〝満州〟の全土と内モンゴルの一部（熱河《ねっか》省）を占領してしまい、翌三二年には、傀《かい》儡《らい》国家〝満州国〟を作り上げました。中国の重要な領土を公然と略奪した完全な侵略戦争です

（第1図）。

国際連盟という当時の国際組織は、いまの国際連合よりもはるかに力の弱いものでしたが、日本のこの戦争は絶対に許せない、傀儡国家も認められないと決定しました（三三年二月）。そして、その結果に不服だとして、国際連盟から最初に脱退した侵略国が、日本だったのです。

これが一五年戦争の始まりでした。

その当時、この戦争を宣伝する合言葉は、「満蒙《まんもう》生命線」論というものでした。〝満州〟と蒙古、つまり内モンゴルを、日本の生命線だとしたのです。外国の領土にたいして、あの領土を手に入れなかったら日本はやっていけない、だから日本のものだと勝手に決めて、軍部が先頭にたち、マスコミもそれに乗って、日本中の合言葉にしたのでした。

私はその時代に育ちましたが、そのころ読んだ少年向け冒険小説というのは、みんな、日本人の冒険家が〝満州〟や蒙古に乗りこんで活躍する冒険談ばかりでした。そうして、子どもの頭にまで「生命線」論を吹き込みながらやった戦争でした。

戦争の性格はなんだったのか

日中戦争（一九三七年七月）

次の日中戦争はどうか。

一九三七年七月、〝満州事変〟で手に入れた中国東北部と内モンゴルの一部だけでは満足しないで、日本の政府と軍部は、中国の北部（華北《かほく》）をねらいだしました。中国の国民党政府は南京《なんきん》に在りましたが、北京《ぺきん》（当時は北平《ぺーぴん》）や天津などの大都市のある華北も、中国の最も重要な地域でした。そこが、領土拡張の次の目標になったのです。

当時、華北の北京周辺にも、日本の軍隊が駐留していました。

一九三七年七月七日、盧溝橋《ろこうきょう》というところで、この駐留日本軍と中国軍部隊とのあいだで小規模な衝突が起こりました。現地では、この事件は交渉で解決し（中国側が妥協したのでしょう）、一一日には停戦協定が調印され、解決にいたりました。ところが、現地では一件落着となったその日に、日本の政府——近衛文麿《このえふみまろ》内閣は、〝満州があれだけ簡単に占領できたのだから、この機に一気に攻め込んだら中国政府は屈服して、華北も手に入るだろう〟と考えて、現地の停戦協定などまったく無視して、大量の軍隊の派遣を決定したのです。

ところが、日本側の思い込みに反して、中国は屈服しませんでした。それで、上海《しゃんはい》にも軍隊を送り込む、中国政府の首都・南京にも乗り込む。この時大虐殺（南京大虐殺。後述〈八二〜八五ページ〉）が起こったのですが、それでも中国は屈服せず、首都をずっと後方の重慶《じゅうけい》に移して抗戦を続ける態度を示しました。〝満州事変〟の時とは、対応がまったく違ったのです。その変化の理由はあとで述べますが（五二〜五四ページ）、こうなると、短期決戦のつもりでいた日本は、あてがはずれました。こうして、見通しのない長期戦に入り込んでしまったのでした。

では、日本政府は、この戦争の大義名分をどこに求めたのか。八月一五日に近衛内閣が戦争の意義づけについての声明を出しました。そこで言っているのは、〝中国が乱暴をやるのでもう我慢ができなくなった、中国軍の乱暴狼藉《ろうぜき》を膺懲《ようちょう》し、南京政府の反省を促すために戦争をはじめた〟、という趣旨の声明でした。「膺懲」が戦争の目的だというのです。新聞にも書いてある、ラジオでも「膺懲」戦争だと言う。私は小学生でしたから、「膺懲」という言葉の意味が判らず、学校で先生に質問したことを覚えています。「膺」もこらしめる、「懲」もこらしめる、悪者を懲らしめるという意味だと教わりました。

第2図　日中戦争・日本が要求した「講和」条件

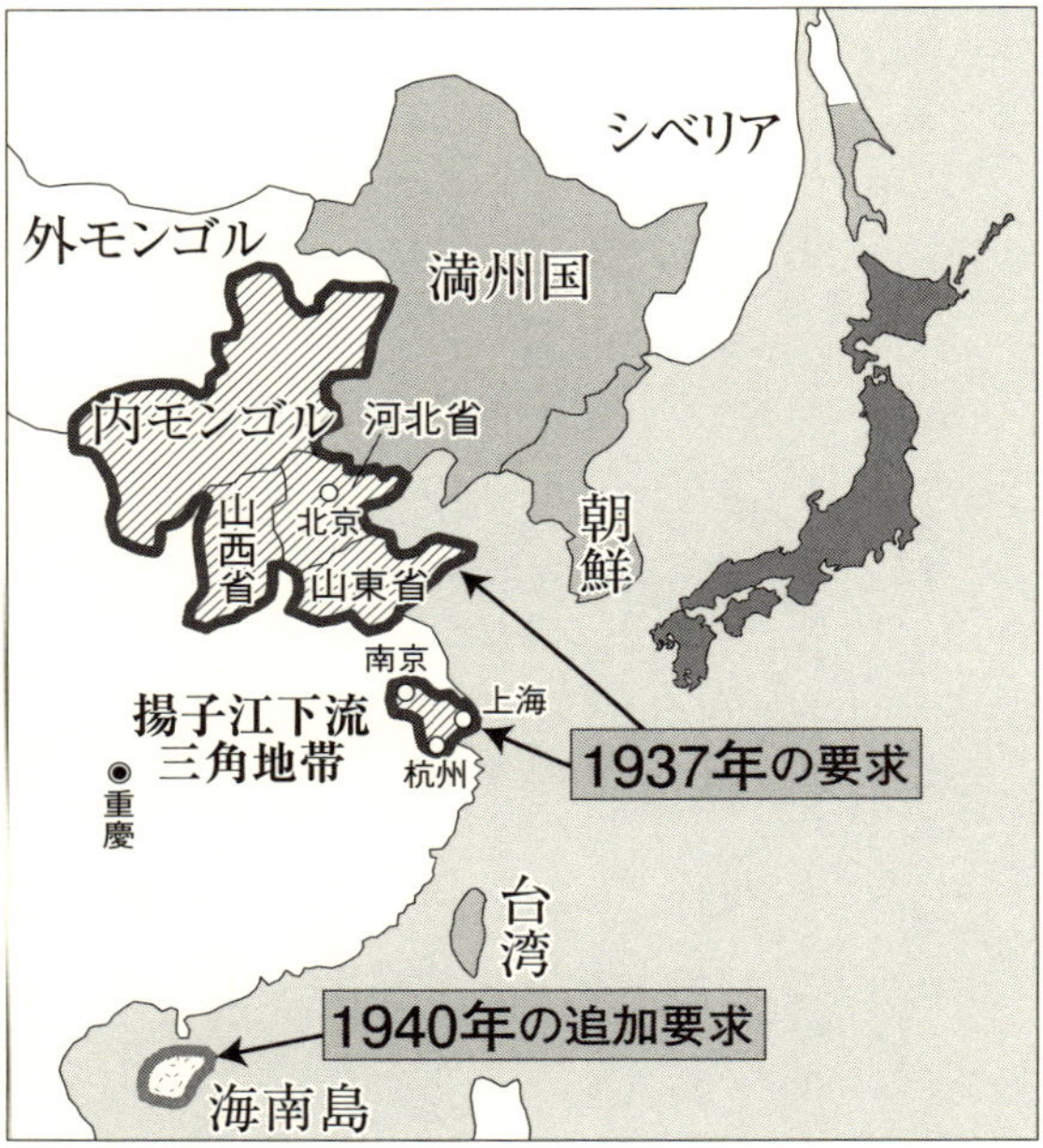

ところが、これはまったくの国民向けの看板で、本音は中国にたいする新たな領土拡大がこの戦争の目的でした。これは私が勝手に言っているのではありません。先ほど紹介した『日本外交年表竝主要文書』に、日中戦争の戦争目的についての日本の方針が明記されています。これは、三七年一二月の閣議で決定して、中国との和平交渉を仲介しようというドイツ政府に、これが日本側の講和条件だとして渡したもので、三八年一月一一日に天皇が出席した御前会議で決定した「『支那事変』処理根本方針」のなかでもそのまま承認されています。

その内容の主要点を拾ってみましょう。

まず、日本が占領した〝満州国〟を独立国と認めよ、要するに、この地域が中国の領土ではなく、日本の支配地域となったことを認めよ、ということです。

次に、北京を含む華北と内モンゴルを非武装地帯にしろ、という要求です。しかし、日本軍は治安のためにいてよろしいという条項が付いていますから、〝中国軍入るべからず、日本軍は駐留する〟ということで、結局、日本の領土と同じです。

さらに、上海と南京を含む「中支［中国の中部地方］占拠地域」も、〝中国軍入るべからず、日本軍は駐留自由〟という地域に入れています。

要するに日本列島でいえば、いわば関東地方全体と阪神地方をわが占領地域とする、中国政府は残った地域を統治するだけ、しかも中国政府は日本の外交方針に協力せよ、という条項が付いていますから、日本の支配下の従属国という扱いで、それに戦争の賠償まで要求しています［★］。こういう講和条約案を閣議に続いて御前《ごぜん》会議で決定しました。まさに、これが、御前会議という天皇出席の最高戦争指導機関で決定した日中戦争の戦争目的でした（第２図）。

★　御前会議決定の日中戦争の目的　一九三八年一月一一日の御前会議で決定した「『支那事変』処理根本方針」は、本文で「支那現中央政府にして此の際反省翻意し、誠意をもって和を求むるにおいては、別紙（甲）日支講和交渉条件に準拠して交渉す」と述べています。ここでいう「別紙（甲）」とは、次の「講和交渉条件」です。

「　日支講和交渉条件細目
一、支那は満州国を正式承認すること。
二、支那は排日及反満政策を放棄すること。
三、北支及内蒙《ないもう》に非武装地帯を設定すること。
四、北支は支那主権の下において日満支三国の共存共栄を実現するに適当なる機構を設定し、これに広汎《こうはん》なる権限を賦与《ふよ》し、特に日満支経済合作の実を挙《あ》ぐること。
五、内蒙古には防共自治政府を設立すること、その国際的地位は現在の外蒙《がいもう》に同じ。
六、支那は防共政策を確立し日満両国の同政策遂行に協力すること。
七、中支占拠地域に非武装地帯を設定し、また大上海市区域については日支協力してこれが治安の維持及経済発展に当たること。
八、日満支三国は資源の開発、関税、交易、航空、交通、通信等に関し所要の協定を締結すること。
九、支那は帝国に対し所要の賠償をなすこと。
附記
（一）　北支内蒙及中支の一定地域に保障の目的をもって必要なる期間日本軍の駐《ちゅう》屯《とん》をなすこと。

（二）　前諸項に関する日支間の協定成立後休戦協定を開始す」（前掲『日本外交年表竝主要文書・下』三八五～三八六ページ）。

こんな講和要求は、もちろん、中国側からは相手にされませんでした。

しかし、この講和交渉要求が御前会議で決まったという歴史的事実は、日中戦争の目的を、誰も否定しようのない形で実証するものでした。

日中戦争も、明らかに、〝満州事変〟に続く、領土拡大の野望を目的にした侵略戦争でした。

太平洋戦争（一九四一年一二月）

ドイツ、イタリアと世界再分割の軍事同盟

次が太平洋戦争です。

この戦争は、事情が違いました。対米英戦争が開始されたのは一九四一年一二月ですが、戦争による領土拡大の目的は、その一年以上も前、一九四〇年九月に決定されていたのです。

一九四〇年九月二七日、日本とドイツとイタリアが三国軍事同盟という軍事同盟条約を結びました。この内容はたいへんなものでした。

条約の最初の二つの条項で軍事同盟の大目的が規定されています。第一条は、ドイツとイタリアによる「ヨーロッパ新秩序」の建設、つまりヨーロッパ征服を日本が認めて協力

する、第二条は、日本による「大東亜」の「新秩序」建設、すなわち東アジア・西太平洋の征服をドイツとイタリアが認めて協力する、これがこの軍事同盟条約の目的として謳われたのです［★］。

★ 三国同盟条約の条文　二つの条項の正文は次の通りです。

「第一条　日本国はドイツ国およびイタリア国の欧州における新秩序建設に関し指導的地位を認めかつこれを尊重す。

第二条　ドイツ国およびイタリア国は日本国の大東亜における新秩序建設に関し指導的地位を認めかつこれを尊重す」。

ドイツはすでにヨーロッパで一九三九年に戦争を開始していて、ポーランド西部、フランス、オランダ、ベルギー、デンマーク、ノルウェーなどをすでに占領し、イギリス本土に攻撃をくわえ、「ヨーロッパ新秩序」と称してその支配権を拡大しようとしている最中でした。この「新秩序」には、イギリス、フランスなどがアフリカに持っている植民地もやがて組み込むつもりでした。

日本の方は、いまは中国の一部をその手に収めただけですが、ドイツの勢いに便乗して、「大東亜新秩序」を建設するという侵略拡大の目標を立て、そのことの尊重と協力をドイツ、イタリアに約束させた、これが第二条の意味でした。「東亜」ではなく、「大東亜」とあらためて「大」をつけたのは、オーストラリアなど、太平洋西南部にあるイギリスの領土にまで侵略欲を拡大したからでした。

要するに、ヨーロッパとアフリカはドイツ、イタリアのもの、「大東亜」、すなわち東アジアと西太平洋地域は日本のもの、ソ連とアメリカ大陸は別として、地球のそれ以外の地域は、三国で全部分け取りしてしまおう、こういう条約を結んだのです。

帝国主義の歴史でも、世界を三国のあいだで分け取りしようという、こんな横暴無法な条約を結んだ例は、前にもあとにも、ほかには例がありません。

東アジア・西太平洋の全域に領土的野心が広がる

この条約をむすぶにあたって、日本政府は、建設すべき「大東亜新秩序」の範囲について、詳細な線引きの決定をおこないました。その範囲は、第3図に示しましたが、東は西太平洋の諸島、南は、東南アジアの全域とニュージーランド、オーストラリア、西はインドまでも含む広大な領域でした。ただ、インドについては、ソ連が仲間入りする場合には、ソ連に譲ってもよい、という勝手なただし書きがついています。

第３図　1940年に決定した日本の「生存圏」

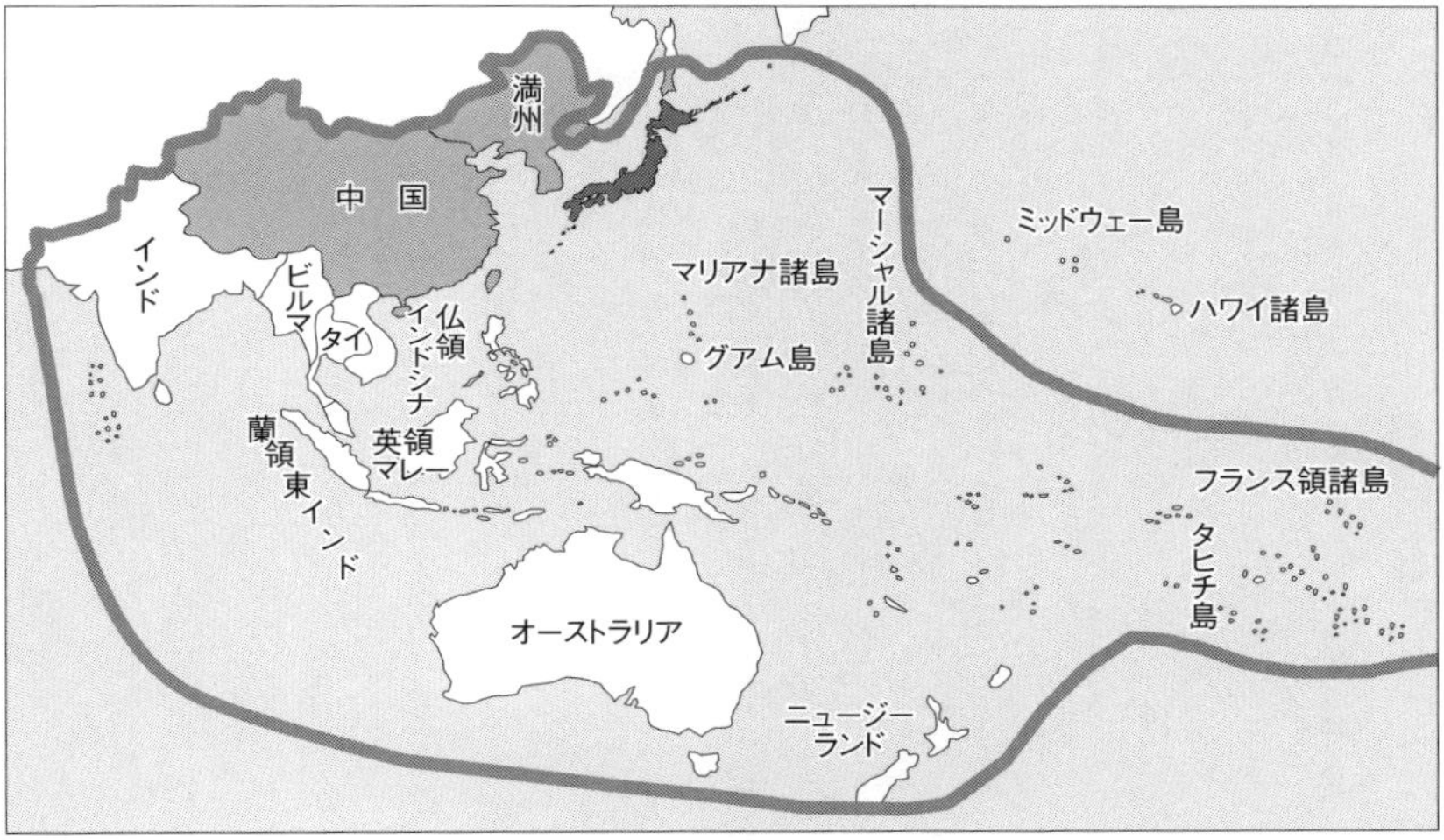

これらの地域は、大部分が、イギリス（マレー、ビルマ、インド、オーストラリア、ニュージーランドなど）、フランス（インドシナ、サモアなど太平洋諸島）、オランダ（現在のインドネシア）など、ヨーロッパでドイツに敗北したか、交戦中の国ぐにの植民地や自治領でした。ヨーロッパ戦争でのドイツの勝利を利用して、弱体化した相手国の植民地をかすめ取ってやろうという虫のよい計画で、そこを全部、日本の支配下におこうというところまで、日本の侵略計画がふくれあがったのです［★］。「大東亜新秩序」は、その後、「大東亜共栄圏」と呼ばれるようになりました（第３図）。

★**「大東亜新秩序」の範囲**　一九四〇年九月一六日、大本営《だいほんえい》・政府連絡会議（軍と政府の首脳部の連絡会議。その性格は後述〈四六〜四九ページ〉）は「日独伊枢軸《すうじく》強化に関する件」という決定をおこないました。この決定は、三国交渉に臨む態度の基本姿勢を、まず次のように規定しました。

「日本及び独伊両国は、現在、その実現に努力しつつある世界の新秩序建設に関し、共通の立場にあることを認識し、南洋を含む東亜における日本の生存圏並びに欧州及びアフリカにおける独伊の生存圏を相互に尊重し、右地域における新秩序建設につきあらゆる方法をもって協力す」（前掲『日本外交年表竝主要文書・下』四四九ページ）。

この決定が、「大東亜新秩序建設のための生存圏」の範囲としたのは、つぎのとおりです（第3図はこれを図解したもの）。

「独伊との交渉において皇国の大東亜新秩序建設のための生存圏として考慮すべき範囲は、日満支を根幹とし旧独領委任統治諸島、仏領インド及び同太平洋島嶼《とうしょ》、タイ国、英領マレー、英領ボルネオ、蘭（オランダ）領東インド、ビルマ、オーストラリア、ニュージーランドならびにインド等とす」（同前四五〇ページ）。

この侵略計画を決めたころ、日本の政府・軍部が国民にあらゆる手段で吹き込んだのが、「八紘一宇《はっこういちう》」というスローガンでした。これは日本神話からとった言葉で、「八紘」とは「あめがした」という言葉で世界のこと、「一宇」とは一つの家という意味の言葉です。つまり、天皇の統治を全世界に広めるのが日本の使命だというウルトラ覇権主義のスローガンです。私はそのころ小学校五年生でしたが、この神がかったスローガンが幼い子どもの頭にも徹底的にたたきこまれたものでした。

経過はいろいろありましたが、この領土と支配圏のアジア・西太平洋地域への拡大計画を実行に移したのが、一九四一年一二月八日に始まった太平洋戦争でした。

以上、三つのすべての段階で、日本の戦争は、武力による領土・支配権の拡大、武力による他国の支配をめざす侵略戦争そのものでした。そのことは、日本政府自身が責任をもって発表した政府・軍部の公文書で、反証の余地のないかたちで証明されているのです。

こういう公文書を責任をもって編集・発表してきた自民党政府が、〝戦争の性格は後世の歴史家の判定を待たないと分からない〟などというのは、あまりにも、無責任な、恥ずべきいいのがれではないでしょうか。

どんな仕組みで戦争をやったのか――世界に例のない体制

それでは、日本は、この戦争をどんな仕組み、どんな指導機構をもってやったのでしょうか。

あれだけの大戦争をやるには、そしてそれに国民みんなの協力を要求するからには、よほど、ちゃんとした仕組みがあったのだろうと思われるかもしれません。

私は、日本の戦争の指導機構を調べると同時に、いま、雑誌『前衛』で連載中の「スターリン秘史」のなかで、第二次世界大戦の歴史を書いてきたものですから、否応なしに世界戦争を戦った他の国々の戦争指導体制もかなり詳しく調べました。その上で痛感せざるをえなかったのは、あの大戦争をやった日本の戦争指導部が、いかにだらしない体制だったか、ということでした。

首相も政府も、作戦に発言権なし

だいたい、普通は、戦争というと、その国の政府が最大の責任を負っていると考えるでしょう。ところが、日本は違うのです。政府の首相というのは、戦争をはじめるときには相談にあずかります。ところが、戦争が始まってしまうと、日本軍がどんな戦争をどういう規模と方針でやるつもりなのか、その成りゆきはまったく知らせてもらえないのです。

このことを物語る二つの事例をあげましょう。

（1）まず、先ほど説明した日中戦争です。近衛文麿という首相はなかなかの家柄の貴族出身で、開戦の時には、たいへんな勢いで中国北部に大軍を投入する決定をしました。当人の心づもりとしては、中国北部に大軍を投入しただけで中国は屈服するだろうというつもりで、この戦争を「北支事変《ほくしじへん》」と命名しました。途中で「不拡大声明」を出したりもしました。しかし思惑は外れて、中国政府は屈服しませんし、軍部は、近衛首相の「不拡大声明」など問題にせず、戦線をどんどん拡大してゆきます。

そういう時期に、七月末ごろの閣議の席で、ある大臣から「だいたいどの辺で軍事行動を止めるのか」との質問が出たのです。陸相《りくしょう》（陸軍大臣・杉山元《げん》）が黙ったままなので、海相《かいしょう》（海軍大臣・米内光政《よないみつまさ》）が〝だいたいこの線で止める予定だ〟と答えました。すると陸相が顔色を変えて「こんなところで、そう言っていいのか」と海相を怒鳴《どな》りつけた。政府の正式の会議が、軍部にとっては、戦争の方針などもらしてはいけない「こんなところ」なのです。

それで困った近衛首相が、天皇に、戦争の大局ぐらいは自分に知らせてもらわないと困ると、お願いをしました。天皇が軍部と相談した上で、やがて返してきた答えは、「軍は政党出身の大臣がいる閣議で戦争の話はできないといっている。必要なことは天皇自身が、首相と外相だけに知らせることにしよう」でした。結局、内閣には戦争のことはまったく知らせない、首相、外相に知らせるのも、天皇が特に「必要な」事柄だと認めたことだけ、これが戦争に関する日本の政府の権限の実態でした［★］。

★　この話は、近衛が戦後書き遺した『近衛文麿手記　平和への努力』によりました（一九四六年、日本電報通信社　七～八ページ）。

真珠湾攻撃も天皇と軍部だけで決定していた

（２）政府と軍のこの関係は、軍部出身の人物が首相になった場合でも、変わりませんでした。

太平洋戦争は、日本の連合艦隊が太平洋を越えて、真珠湾《しんじゅ》にあるアメリカの軍港に不意打ちの攻撃をしかけ、停泊していた戦艦群を壊滅させた〝真珠湾攻撃〟から始まりました。これが、宣戦布告に先立っての奇襲攻撃だったので、アメリカでは、「真珠湾を忘れるな（リメンバー・パールハーバー）」が国民的な合言葉になり、国民と産業界を一気に戦争体制に結集する契機になったのですが、その攻撃の決定に、だれが参加したのかが、東京裁判で大きな問題になりました。

そこで、東条英機《ひでき》は、自分は首相だったが、この決定には参加しておらず、一二月二日ごろ、参謀総長から陸軍大臣の資格で聞いた、と答えました。

真珠湾攻撃の作戦方針が決まり、天皇の承認を得て作戦命令が出たのは一一月五日、それを受けて連合艦隊が千島・択捉《えとろふ》島の基地を出発したのが一一月二六日、しかし、これらはすべて政府の知らないところで進んでいた行動でした。それでも、東条は首相と陸相を兼任していましたから、「陸軍大臣」の資格で攻撃前に知ることができたのですが、これが軍人でない首相だったら、現実に攻撃が起きたあとで、初めて真珠湾攻撃という事態に直面することになったでしょう。

私は、一二月八日の朝、目が覚めたらラジオの臨時ニュースで、〝戦争がはじまった、アメリカの真珠湾攻撃で大戦果をあげた〟と言う「大本営《だいほんえい》発表」を聞きました。こういう大戦果の発表のさいには、軍艦マーチ［★］という威勢のいい曲が流されるのです。軍部大臣以外の一般の大臣たちも、私たちと同じように、軍艦マーチ付のラジオで真珠湾攻撃の事実を知らされたのでしょう。これは、戦争の進め方について、政府がいかに無力な存在であったかを示す象徴的な出来事だったと思います。

★　**軍艦マーチ**　戦前、海軍が公式の行進曲として採用したもので、歌詞は「守るも攻めるもくろがねの」で始まりました。この曲は、戦後の一時期、パチンコ屋の客寄せ、景気づけの曲として広く活用されたものです。

私は、この問題を国会論戦でとりあげたことがあります。昭和天皇が死んだときに、竹下首相が「謹話」を発表し、その関連で、〝戦争は全部大臣の補佐でやったことで、天皇に責任はなかった〟という趣旨の言明をしたのです。あまりのことだと思い、予算委員会

（八九年二月一八日）でこの問題を取り上げ、〝では、真珠湾攻撃の作戦命令は、どの大臣の補佐で出したのか〟と質問しました。当の首相は答えられず、代わりにようやく法制局長官が出てきて、「全大臣の輔弼《ほひつ》」でやりました、との答弁です。そこで〝あなたは「全大臣」というが、この決定にはどの大臣も参加しなかったのだ〟と言って、先の東京裁判の東条答弁を紹介したのですが、もうまともな答えはありませんでした。

法制局長官でさえこんな調子です。戦前の体制を懐かしがって、あれこれいう現在の〝戦争礼賛《らいさん》〟派のお歴々《れきれき》も、戦前の政治の実態を、なにも知らないまま礼賛論をとなえているのです［★］。

★ **真珠湾攻撃をめぐる国会論戦**　この時の論戦は、次の通りです（衆院予算委員会総括質問・八九年二月一八日）。

不破　本会議以来、竹下「謹話」に関連して前の戦争の問題や憲法の問題がいろいろ議論されてきました。このなかには、私たちが憲法のいまの原則を守る立場からいって、放っておけないいくつかの問題がありますので、それについておうかがいしたい。

一つは、前の憲法体制のもとで、いったいだれが開戦の権限をもっていたかという質問に、竹下総理は衆議院および参議院の本会議で、あの「謹話」というのは戦争責任の問題を念頭においたものではないといいながら、さきの大戦の宣戦布告は国務大臣の輔弼《ほひつ》・補佐によっておこなったんだ、その国務大臣の輔弼・補佐にたいしては、天皇は拒否できなかったのだと答弁しました。具体的にうかがいます。一九四一年一二月八日の真珠湾攻撃の決定は、どの国務大臣の補佐によっておこなったのですか。

（竹下首相は答えに窮《きゅう》して答弁に立たず。再質問してようやく味村《みむら》治内閣法制局長官が代理の答弁にたつ）。

味村内閣法制局長官　旧大日本帝国憲法の第一三条には、「天皇は戦《いくさ》を宣し和を講じおよび諸般の条約を締結す」となっていて、その職務については、旧憲法第五五条の規定により「国務各大臣は天皇を輔弼しその責に任ず」となっていました。「宣戦」のなかには、国民に宣戦をしたぞということを布告することと、事実上戦争行為を開始するという二つが含まれているというふうに考えられるので、国務大臣の輔弼によっておこなわれたもの（不破「真珠湾攻撃もですか」。味村、うなずきながら）、全国務大臣の輔弼によっておこなわれたと考えています。

不破　これはあまりにもむちゃな説明です。国務大臣のなかで真珠湾攻撃を知っていたのは、陸軍大臣で総理大臣の東条（英機）と海軍大臣だった嶋田（繁太《しげた》郎《ろう》）だけです。「全国務大臣」が輔弼したなんていうのはまったくウソです。東条首相はいつ知ったかというと、一二月はじめに参謀総長から聴いたということを証言している。だから、真珠湾攻撃の決定は一一月初めにおこなわれますが、この決定にはいかなる国務大臣も参画していないんです。これは極東裁判の記録でも周知の歴史的事実です。それが統帥権《とうすい》の独立なんです。「天皇は陸海軍を統帥す」、これは天皇の大権《たいけん》で、内閣の総理といえども、軍人出身の東条首相といえどもそのことには口を出せないところで決定するというのが戦前の体制なんですよ。それを天皇が国務大臣の輔弼によってやったんだから、その輔弼についてはは反対できなかったんだ、こういう歴史の偽りを、政府の長たるものが国会の壇上からいって、明白な天皇の開戦の責任をあいまいにしたり否定したりすることはできないということを、私ははっきり申し上げたい。

味村 実際問題は私は存じませんが、憲法の条項によりまして、戦争の開始については、国務大臣の輔弼によっておこなわれたものであると考えています。

不破 そういう答弁を国会でやるんだったら、多少は歴史を調べてからやってもらいたい。だいたい、開戦（方針）を決定したことになっている御前会議でも、国務大臣は全部は参加していないんですから。全国務大臣が輔弼したなんていうのは、戦前の日本の体制を知らない人が言うことです。それから軍の作戦計画、実際の敵国にたいする攻撃の決定にたいして大臣が参画するなんてことは絶対にあり得ないわけです。統帥というのは内閣が口を差しはさむことではない。これがすべて天皇に属しているというのが戦前の絶対主義体制だったわけですから、そのことを明確にしておきたい。

戦争指導部・「大本営」の実態はどうだったか

戦争の指導には政府も首相もノー・タッチ——この体制は、明治憲法が定めた天皇制国家の根幹をなす仕組みの一つでした。この憲法では、国家の機能と活動のなかでも、陸海軍の統帥、陸海軍の編成と規模、宣戦と講和や条約の締結などを、「天皇の大権」と意義づけ、議会の関与を許さず天皇が絶対権限をもつ分野としていました。そして軍部が強大化するとともに、天皇の「大権」のなかでも、軍の戦争指導は、「統帥権の独立」の名のもとに、政府の関与も許さない独立分野だという体制がきずかれてきました。

戦争がはじまると、「大本営」という戦争の最高指導機関が設けられますが、日中戦争が始まってすぐ設けられた「大本営」は、大元帥《だいげんすい》である天皇が最高責任者、それに軍の首脳部、陸軍は参謀総長、海軍は軍令部総長とその幕僚たちだけで構成され、ここで戦争指導のすべてが決定される仕組みになっていたのです。

天皇は「大本営」の最高責任者で、大本営の会議に参加するだけでなく、日常、時には毎日のように参謀総長や軍令部総長に会って戦況の報告を受け、作戦計画や作戦命令などについての承認を求められます。天皇が承認した作戦命令は、陸軍では「大陸命《たいりくめい》」、海軍では「大海令《だいかいれい》」と呼ばれ、各軍には絶対的な遂行が求められることになります。

天皇になれば、こういう地位に立つわけですから、天皇は皇太子の地位についた時から、年齢の如何《いかん》にかかわらず特別の軍事教育を受け、一通りの軍事知識はつぎ込まれますし、国家機構のなかで軍関係の情報がもっとも集中する立場ともなります。かと言って、いくら軍事教育を受けたと言っても、自分が作戦計画を立てるわけではなく、そういう軍事的能力を持っているわけでもありません。しかし、この天皇が、体制上は、日本の戦争指導で絶対的な権限をもつ最高責任者・大元帥なのです。

この天皇と陸海軍の首脳部、参謀総長や軍令部総長とのやりとりで、日本の戦争指導の方針が決まってゆきます。天皇は彼らが上奏《じょうそう》する計画や方針について、黙って承認することもあれば、質問や意見を述べることもあります。その状況を歴史的に見てみると、〝この作戦でうまくゆくか〟、〝外国の反応は心配ないか〟などの質問が多いようです。こういう問答を経て戦争の大方針がきまってゆくのです。そこで大きな方針が決まったら、大本営に陣取っている作戦将校たちが、その大方針の具体化ということで、勝手な作戦を立て、それで現地を動かしてゆく、これが日本の戦争指導の実態でした。

一五年戦争の過程で、天皇が軍部のやり方に怒りをあらわにしたことが一度ありました。〝満州事変〟の時です。ただ、軍部が〝満州〟で謀略的な手段で勝手に戦争を起こしたことに怒ったのではなく、増援軍が必要だと言って、朝鮮にいた朝鮮軍を勝手に〝満州〟に動員したことに怒ったのでした。日本の領土内の軍隊（当時、朝鮮は既に日本の植民地になっていました）を国境外に出すことは、天皇の命令なしにはできないルールだったから、天皇の権威を無視したルール違反を問題にしたのです。しかし、数カ月で〝満州〟と内モンゴルの一部まで占領するという大戦果をあげたら、命令違反の朝鮮軍出兵問題など忘れたような調子で、「関東軍」の勝利をほめたたえる勅語《ちょくご》［★］を発表するという始末でした。軍部の勝手に腹を立てても、戦争に成功すれば万事めでたしになる、その程度のトラブルでした。

★「関東軍」の暴挙を称賛した勅語　天皇が一九三二年一月、「関東軍」にあたえた勅語は次のとおりです。

「満州事変に際し関東軍に賜りたる勅語
曩《さき》に満州に於《おい》て事変の勃発するや、自衛の必要上関東軍の将兵は果断神速《かだんしんそく》寡《か》克《よ》く衆を制し速《すみやか》に之《これ》を芟討《さんとう》せり。爾来艱苦《じらいかんく》を凌《しの》ぎ祁寒《きかん》に堪へ各地に蜂起せる匪賊《ひぞく》を掃蕩《そうとう》し、克《よ》く警備の任を完《まっと》うし或は嫩江《のんこう》・斉々哈爾《ちちはる》地方に或は遼西《りょうせい》・錦州《きんしゅう》地方に、氷雪を衝《つ》き勇戦力闘、以《もっ》て其《その》禍根を抜きて皇軍《こうぐん》の威武を中外に宣揚《せんよう》せり。朕《ちん》深く其忠烈を嘉《よみ》す。汝《なんじ》将兵益々堅忍自重《けんにんじちょう》、以て東洋平和の基礎を確立し、朕

が信倚《しんい》に對《こた》へんことを期せよ」（『御詔勅おことば集――明治・大正・昭和之巻』一九七七年、国勢研究所）

日中戦争以後は、戦争の最高指導機関として「大本営」がつくられたことは、先ほど述べましたが、この最高指導機関のなかで、この大戦争の指導に最初から最後まで責任をもって当たったという指導者が、軍関係者には一人もいないのです。大本営を設置した一九三七年から一九四五年の敗戦までをとっても、陸軍の参謀総長は四人、海軍の軍令部総長は五人代わりました。結局、全期間を通しで大本営にいたのは、天皇ただ一人でした。しかも、陸軍と海軍が仲が悪いのは有名な話で、お互いにどんな作戦をやろうとしているのかも、よほどのことがないと、報告しあおうとしない。

そして、先ほどみたように、内政や外交の責任を負う政府には、戦争問題に口を出させないという体制でした。

こんな不統一、無能力で弱体な戦争指導部は世界になかった

こうした実情を調べてあらためて本当に驚くのですが、〝満州事変〟から敗戦まで一五

年間、次第に拡大する戦争をやりながら、軍事・外交・内政の全局をつかみ、一五年間の戦争指導に一貫して責任を負った人物は、結局、誰もいませんでした。

第二次世界大戦をたたかった主要な国で、戦争指導体制がそんなだらしない状態にあった国はどこにもありません。アメリカだったらルーズヴェルト大統領、イギリスだったらチャーチル首相、ドイツだったらヒトラー総統、ソ連だったらスターリン首相（党書記長）が、現実に戦争指導の実権を握っていました。そうだからこそ、連合国のあいだでも、テヘラン、ヤルタ、ポツダムといった首脳会談で、戦争の現状と前途にかかわるあらゆる問題が討議できたのです。首脳会談にはどの国も、幕僚や専門家グループを連れてゆきますが、首脳会談そのものは、軍事問題であろうが、外交問題であろうが、全部首脳自身の責任で討論しました。

日本の戦争指導部は、それとはくらべものにならない、無能力で、統一もとれず、弱体な体制でした。それで始めた戦争が、あの戦争でした。

だから、先ほど話した戦争の三段階のどれをとっても、きちんとした見通しを持って始めた戦争は一つもないのです。

〝満州事変〟――短期戦での勝利は蒋介石の「無抵抗」路線のおかげ

まず〝満州事変〟です。この戦争は数カ月で勝ちました。なぜ勝ったかと言うと、当時の中国で政権を握っていた蒋介石《しょうかいせき》の国民党政府は、中国共産党が中国の中央部（江西《こうせい》省）につくった革命根拠地（ソビエト区）をつぶすために何十万もの大軍を送って攻め立てている最中でした［★］。その最中に日本が戦争を開始したわけです。蒋介石は「外敵よりもまず内敵を殲滅《せんめつ》する」として、中国共産党との内戦に全力を挙げ、〝満州〟にいた中国軍、張学良《ちょうがくりょう》という人物が指揮していましたが、この軍隊には「日本軍には抵抗するな」という無抵抗の指令まで出しました。だから、中国軍は上からの命令で戦えず、日本軍は数カ月で全東北地区を占領するという成果をあげることができたのでした。

★　蒋介石の革命根拠地攻撃　〝剿匪《そうひ》〟作戦と称した蒋介石の革命根拠地への包囲攻撃は、三〇年一二月の第一次包囲攻撃戦（動員兵力一〇万）に始まり、三一年には四～五月の第二次攻撃、七～九月の第三次攻撃とさらに規模を大きくして続けられました。〝満州事変〟が始まって以後も、抗日戦はそっちのけで、三二年一～四月には五〇万の大軍を動員した第四次攻撃、三三年一〇月にはついに一〇〇万の大軍による第五次包囲攻撃戦を強行、この中で中国共産党は中部の革命根拠地を捨てて、「大《だい》長征《ちょうせい》」の挙に出ることになったのでした。この間の政治・軍事状況の詳細は、「スターリン秘史」第八章「フランス・スペイン・中国（下）」（『スターリン秘史』第二巻、二〇一五年、新日本出版社　一四〇～二〇〇ページ）を参照してください。

日中戦争――勝算を見失って予想外の長期戦に

ところが、一九三七年七月、日中戦争がはじまった時には、様相が変わっていました。前の年の一二月に〝西安事件《せいあんじけん》〟という政治的に重大な事件が起きたのです。満州での「無抵抗」命令で煮え湯をのまされた張学良が、軍とともに中国西北部の西安に移動してきていました。中国共産党もそのころ、大長征を終えて西北部に解放区をつくっていましたから、蔣介石は、その張学良を、共産党の解放区を攻撃する前線司令官に任命したのです。ところが、張学良は、こんなことではダメだ、中国共産党とは戦うのではなく、統一して日本と戦わなければならない、と考えていましたから、蔣介石から中国共産党と戦えという命令が来ても、動こうとしないのです。

いらだった蒋介石が命令に従わせようと西安に乗り込んでくると、逆に張学良の方が蒋介石を捕まえてしまいました。そして、〝中国共産党と腕をくんで、日本との戦争に立つべきだ〟、と説得する。この説得には、中国共産党も、周恩来《しゅうおんらい》を派遣して協力しました。こうして、〝西安事件〟を転機に、中国の国民党政府の政策に大転換が起こり、三七年の初めから、抗日統一戦線の結成——中国共産党と国民党の二つの政権が日本との戦争で手を結ぶという状況が進みはじめ、中国全土に抗日戦への機運が高まっていました。

そんな情勢の変化を、日本の政府も軍部も、全然問題にしないのです。だから、盧溝橋事件が起きた時、政府と軍部は、〝大軍を送って脅かしたら、満州事変の場合と同じように、中国を一撃で屈服させて華北を奪取できる〟と思ったのですが、この思惑は完全にはずれました。

当時の国民党政府は南京にあったのですけれども、華北を攻めてもダメ、上海に上陸して南京を攻め、南京を落城させても中国政府は屈服しません。蒋介石政権は、中国の西の奥、重慶にまで政府を移しましたが、抗戦の態度をかえません。そうなると、日本側には打つ手がないのです。長期戦必至という予想外の状況に直面して、日本軍は勝算を失いました。

まさに、どう解決したらよいかわからない泥沼的な戦局になったのです。明確な情勢分析も見通しも持たないまま始めた戦争の典型でした。

太平洋戦争――緒戦はうまくいったが……

太平洋戦争はどうだったか。

開戦前年の四〇年秋、連合艦隊司令長官の山本五十六《いそろく》が、近衛首相に対米戦争の見通しを問われて、「それは是非やれと言われれば、初め半歳《はんとし》か一年の間は随分暴れてご覧に入れる。しかしながら二年、三年となればまったく確信は持てぬ」と断言したのは有名な話ですが（矢部貞治編著『近衛文麿』下、一九五二年、近衛文麿伝記編纂刊行会　一六二ページ）、現実の戦争の推移は山本の予想よりさらにきびしいものでした。

開戦の年の一九四一年六月、ドイツがソ連に攻め込みました。

さあ、ドイツと協力してソ連を攻めるか、それとも南へ進んでアメリカやイギリスと戦うか、日本の戦争指導部では、論争もありましたが、結局、ドイツの対ソ戦の成り行きを見るとそう簡単には勝ちそうにないと見て、では、南を攻めようと言うことになった。それで、アメリカの真珠湾軍港の奇襲攻撃と東南アジアへの攻撃で、戦争を始めました。

最初の時期は景気がよいのです。なにしろ、真珠湾では、相手が用意していないところに不意打ちの奇襲攻撃ですから、アメリカの海軍に大打撃を与えました。

東南アジアで進駐したり攻撃したりした地域は、どこもヨーロッパ諸国とアメリカの植民地です。インドシナ地域はフランス、インドネシア（現在）はオランダ、香港・マレー・ビルマ（現ミャンマー）はイギリスが本国です。そこにいる軍はもともと植民地支配のための兵力で、すでにオランダとフランスは本国がドイツ軍に撃破されていますし、イギリスも本土防衛に全力を挙げていますから、戦争になっても、こちらに大軍をまわす余裕などありません。

そういう地域に攻め込むのですから、緒戦《しょせん》の数カ月はここでも日本軍の勝利が続きました。しかし、それから先は大変でした。

日本の軍部は真珠湾の奇襲攻撃でうまくやったと思っていましたが、ここにも大きな戦略的誤算があったのです。

実は、アメリカは、当時すでに、反ファシズムの立場で、ドイツと戦っているイギリスやソ連への軍事援助をはじめていました。四一年の夏も、ホプキンズというルーズヴェルトの腹心が、ロンドンやモスクワをかけまわって、〝アメリカの経済力をもって応援する〟と、軍事援助の約束をするのです。ところが、実際のところ、当時のアメリカは、政府がその気になっても、まだ、全然戦時体制とは程遠いところにありました。ホプキンズが、チャーチルやスターリンに、飛行機をどれだけ送るという約束をしても、産業界がなかなか腰を上げないのです。ホプキンズの伝記には、四一年七月には、四基のエンジンをもつ大型爆撃機は一カ月に二機しかできなかった、と記録されています（ロバート・シャーウッド『ルーズヴェルトとホプキンズ』邦訳、一九五七年、みすず書房　Ⅰ巻四四一ページ）。

その状況を一気に変えたのが、日本の真珠湾攻撃でした。不意打ち攻撃でアメリカの艦隊がやられた、これは許せないということで、国民も産業界もただちに立ち上がったのです。先ほど話したように、「真珠湾を忘れるな（リメンバー・パールハーバー）」が国民的な合言葉になり、それを背景に太平洋戦線でも反攻作戦の準備が急ピッチで進みました。

日本の方は、のんきなもので、大本営の四二年三月の会議では、だいたいアメリカの反攻はいくら早くても来年（四三年）以後になる、という見通しをたて、その間に残っているアメリカの艦隊、とくに真珠湾では不在だった空母群をやっつけてしまえばもう万全だとして、その作戦計画にとりかかるといった調子でした。

ところが、アメリカは、その三月の段階で、すでに太平洋の反撃作戦の大方針を決めて、太平洋の正面はニミッツという提督が海軍部隊をひきいて反攻を開始する、南西方面からはマッカーサーが陸軍部隊をひきいて島伝いに攻撃を始めるという作戦に早くも着手していました。日本の軍部の予想は、その時点でもう歯車がくるってきていたのです。

ミッドウェー海戦――敗戦への転換点は開戦の半年後に

現実に転換点になったのは、四二年六月のミッドウェー海戦でした。日本の軍部は、アメリカの反攻が迫っているとは夢にも思わず、海軍は、ここまで勝ったんだから、今度はオーストラリアを占領しようと主張する。陸軍はそれは無理だという。だいたい、オーストラリアは大きな大陸です。中国でもたいへんなのに、こんな大陸を占領できるわけはないのですが、海軍は本気で主張したようです。

そんな議論を交わすなかで、ともかくアメリカの海軍をやっつけて、オーストラリアとアメリカの連絡を絶つために、太平洋方面で前進をしようということで、先ほど述べたミッドウェー作戦の計画や、南西太平洋のニューギニア、ソロモン諸島などに進出する作戦計画をたてました。

それでまずおこなわれたのがミッドウェー海戦でした。アメリカの航空母艦の部隊をおびき出して、それを撃滅して太平洋を握ろうというのがねらいでしたが、アメリカの方は、軍事技術は進んでいますから、いざ戦争ということになれば、日本軍の作戦計画は、暗号を解読して、ミッドウェーでも、どういう作戦目的で、どんな艦隊がどういう配置で来るかまでつかんでいました。そこへ飛び込んでいったわけですから、アメリカの空母機動部隊を撃滅するどころか、日本の虎の子の航空母艦を全部沈められるという大敗戦に終わったのです。これで、太平洋の制空権を、一九四二年六月にほとんど失ってしまいました。

ところがこのミッドウェー海戦を、大本営は、例の軍艦マーチ付の発表で、大勝利だと宣伝したのです。敗戦の事実をひたかくしにして、〝大戦果をあげた、アメリカの航空母艦をこれだけ撃滅した〟という発表です。だましたのは国民だけではなく、ミッドウェー海戦の真相は、政府全体にも知らせず、大本営の関係者と、陸海軍大臣だけの秘密にしたとのことです。

しかし現実には、このミッドウェーの敗戦は、太平洋戦争の転換点となりました。先ほど紹介したルーズヴェルトの側近、ホプキンズは、ミッドウェー海戦を終わったときに、イギリスの首相のチャーチルに手紙を書き、そのなかで「ジャップ（日本人のこと）は要するに消耗戦には堪えられません。……彼らが太平洋で罰せられることなく進撃できた時期は終わったのです」（前掲『ルーズヴェルトとホプキンズ』Ⅱ巻一三六ページ）と断言しました。

日本の軍部は、この敗戦の深刻な意味を理解しませんでしたが、ミッドウェー海戦以後は、日本軍は、ほんとうに戦争らしい戦争は一度もできないまま、敗戦への道を一歩一歩たどり続けることになります。

兵士たちはどんな戦争をさせられたか――半数以上が餓死者

次に進みましょう。それでは、日本の兵士たちはどんな戦争をさせられたのか、という問題です。

藤原彰『餓死した英霊たち』

ここに一冊の本をもってきました。『餓死《うえじに》した英霊たち』(二〇〇一年、青木書店)。藤原彰さんという歴史学者の本です。この人はただ戦争の歴史を研究した歴史学者というだけの人物ではないのです。経歴を調べてみますと、私が東大に入った年・一九四九年に、東大文学部の史学科を卒業していますから、学部は違うものの同じ大学の大先輩ということになるのですが、藤原さんは、その前、一九四一年七月に、士官学校を卒業、八月、見習

第４図　アジア太平洋・各地域の陸海軍戦没者

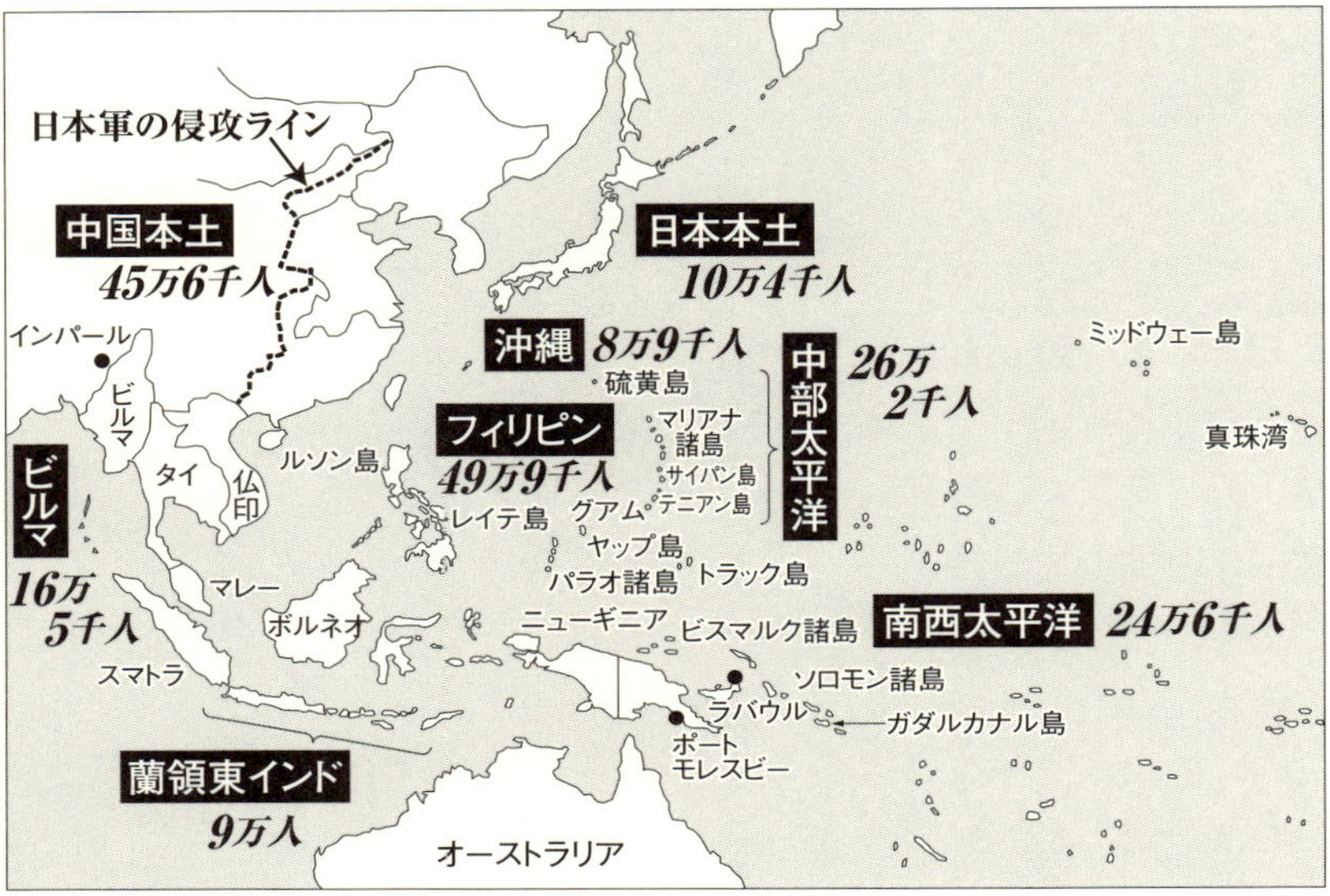

士官として中国戦線に配属され、小隊長、次いで中隊長として多くの作戦に参加、四五年三月、本土帰還の命令を受けて「決戦師団」の大隊長に任命され、九州で米軍を迎え撃つ準備をしているさなかに敗戦をむかえたという経歴の持ち主でした。戦争の現地を、小隊長、中隊長、大隊長としてずっと実地に経験をしてきた人物なのです。

この本は、その人が、自分の経験と知識と研究をもとに書いた歴史書です。この方は、太平洋戦争について多くの著作があり、どれもたいへん値打ちがある研究ですけれども、なかでも、この本はとくに胸をうちました。

彼の研究によると、この戦争で、日

本軍人の戦没者数は二三〇万といわれるなかで、その半分以上が餓死者だといいます［★］（第4図）。飢え死にです。だから『餓死《うえじに》した英霊たち』という表題をつけたのです。

★ **餓死者の数について**　餓死者についての公式統計はありませんが、藤原氏は、戦線ごとに発表された戦没者の数字を分析して、この結論を出しています。飢餓状態で収容されて死んだ人も、普通の意味の「病死者」ではなく、「広い意味での餓死者」として扱っていますが、これは正当な分析方法だと思います。

補給を考えない戦争だった

なぜそんなことになるか。

補給を考えない戦争だったからだと彼は明確にいいます［★］。

★ **補給無視の作戦計画**　この本の第二章「何が大量餓死をもたらしたのか」の冒頭の文章を紹介しておきます。

「日本軍戦没者の過半数が餓死だった。戦闘の中で華々《はなばな》しく戦って名誉の死を遂げたのではなくて、飢えと病気にさいなまれ、痩《や》せ衰《おとろ》えて無念の涙をのみながら、密林の中で野垂《のた》れ死んだのである。こうした結果をもたらした原因は一体何だったかを検討することにしよう。

軍隊が行動し戦闘するためには、軍隊と軍需品の輸送手段である交通と、弾薬、資材、食糧などの軍需品を供給する補給を欠かすことができない。すなわち交通と補給が必須の項目なのである。ところが日本陸軍では、作戦がきわめて重視されていたのに比べて、作戦遂行のために不可欠の交通と補給があまりにも軽視されていた。作戦目的を重視するあまり、補給をまったく無視する無残な作戦が実行されさえした。そしてその結果が、大多数の将兵を無惨な餓死に追いこんだのであった」(同書一四二ページ)。

戦場が日本に近く、補給の手立てを講じやすい中国戦線でも、最初の段階から、補給抜きの作戦を立て、補給の不足分は「現地補給」という命令が上から平気で来たとのことです。「現地補給」といえば、現地の住民から略奪する以外に手段はありません。どんな難しい突破作戦でも、輸送力がないため、せいぜい一週間か二週間分ぐらいの食糧しかもたされず、あとは「現地補給」だとされる。これほど補給を無視した軍隊というのは、世界にないのです。

どこの国でも、戦争に勝とうと思ったら、軍隊の補給は重視します。ところが、日本の軍隊の最高司令部である大本営は、作戦をたてるさいに補給を考えないのです。そのために大量の餓死者を出した太平洋戦争における最初の戦場が、ガダルカナル戦でした。

最初の飢餓戦争——ガダルカナル戦

一九四二年夏、日本の軍部は、アメリカとオーストラリアの連絡を断つという作戦目的で、ソロモン諸島を重視し、そこにあるガダルカナルという小さい島に、部隊を送り込んで飛行場の建設を始めました。ミッドウェー海戦の直後で、太平洋の制空権はすでに失われていましたが、ともかくここを米豪分断作戦の基地にしようとしたのだと思います。

ところがアメリカ軍は、すぐその状況を察知して、八月、大部隊を上陸させてきました。日本の守備隊はたちまち全滅し、逆にアメリカ軍がそこに大飛行場をつくってしまいました。それ大変、ということで、ガダルカナルに軍隊を送ろうとするのですが、輸送手段がないのです。制空権がないもとでは、輸送船での部隊派遣は不可能でした。

それで、最初に千人の部隊を送るのですが、〝ネズミ輸送〟といって、六隻の駆逐艦に分乗させて送りました。輸送艦ではありませんから、一隻に百数十人の将兵を乗せたらそれでぎりぎりで、大砲などの重火器はもちろん、余分の食糧ものせられません。ですから、兵一人一人が持ったのは、一週間分の食糧と最後の〝白兵突撃〟用の小銃だけだったと言います。そういう部隊を千人送りこんだのですが、近代兵器で重武装した相手ですから、上陸して二日で全滅しました。

しかし、最初に日本が手をつけた島を取られた、そのままにしてはおけないということで、同じようなかたちで次々に兵隊を送りこみ、その総数は一二月までについに三万にも達しました。しかし、奪回の見込みが立つどころか、補給なしの上陸ですから送り込まれた部隊は飢餓に苦しみ、輸送と援護にあたる駆逐艦、飛行機、輸送船の損害も取り返しのつかない規模に達します。こうした状況のなか、大本営が作戦中止、ガダルカナル撤退の決断をくだしたのは、ようやく四二年一二月三一日、大晦日《みそか》のことでした。

撤退作戦は一月から二月にかけておこなわれましたが、この島に送りこんだ兵は約三万人、帰ってきたのは約一万人、戦没者は約二万人でした。調べてみると、戦いのなかで死んだのは五千人だったのに対して、餓死者は一万五千人、生還した一万人も飢え死に寸前の状態でした。

軍部は、「退却」という言葉が嫌いなものですから、「転進」、つまり別の戦場に進撃したかのような発表をしました。戦争中、この言葉は、失敗したら、「さあ転進だ」といってごまかす、皮肉なはやり言葉になったものです。

そのとき、ガダルカナル戦を担当した軍司令官が責任をとって割腹しようとした時、方面軍の司令官（今村均《ひとし》大将）がそれを押しとどめたのですが、そのいさめの言葉は、つぎのようなものでした。

――このガダルカナルの敗戦は、戦争に負けたのではない。飢餓に負けたのだ。その飢餓は誰がつくったのか。君たちではないだろう、大本営ではないか。補給のことも考えないで、戦略戦術だけを研究していた陸軍の昔からの「弊風《へいふう》」が積み重なって、制空権もないときに、祖国から離れた敵地に近い島に、三万もの軍隊をつぎこむ、この過失をおかしたのは、まさに中央だ――

そういって、腹を切るのを止めたというのです。ちゃんと記録に残っています［★］。

★　今村均大将の言葉　今村均大将のこの言葉は、ガダルカナルの飢餓戦争にたいする軍部中央の責任を痛烈についた勇気ある発言でした。「回顧録」にある全文を記録しておきたいと思います。

「今度のガ島での敗戦は、戦によったのではなく、飢餓の自滅だったのでありますす。この飢えはあなたが作ったものですか。そうではありますまい。日本人の横綱に、百日以上も食を与えず、草の根だけを口にさせ、毎日たらふく食ってるかけだしの米人小角力《こずもう》に、土俵のそとに押しだされるようにしたのは、全くわが軍部中央部の過誤によったものです。

これは、補給と関連なしに、戦略戦術だけを研究し教育していた、陸軍多年の弊風が累をなし、既に制空権を失いかけている時機に、祖国からこんなに離れた、敵地に近い小島に、三万からの第十七軍をつぎ込む過失を、中央は犯したものです」(『今村均回顧録』正・続、一九八〇年、芙蓉書房　正巻四一六ページ)。

補給無視――陸軍多年の「弊風」

しかし、こういう悲惨な経験をしても、大本営は補給無視の「弊風」に何の反省もしませんでした。

だいたい日本の軍隊、日本の大本営には、本当に補給をバカにする「弊風」が支配的にあったのです。私が親しくしていた作家で、水上勉さんという方がいましたが、この人の兵種(兵員を機能別に分けた呼び名)が輜重《しちょう》兵でした[★]。輜重兵とは、食糧、武器、弾薬など軍需品の輸送にあたる兵科、つまり補給の専門部隊です。この輜重兵は、軍隊のなかでも最も下級のものとされ、名称も昭和のはじめまでは「兵」ではなく、「卒」となっていました。だから正式の肩書が輜重《しちょう》輸卒《ゆそつ》でした。肩書きが変わっても、扱いは変わらず、「輜重輸卒が兵隊ならば、電信柱に花が咲く」が、軍隊のはやり言葉になっていた、と聞きました。つまり、輜重兵を兵隊扱いしたら電信柱に花が咲くよ、それが笑い話になるぐらい、下級の兵、下級の部隊として扱われたのが、軍の輸送補給にあたる輜重部隊でした。

★**水上勉の小説「兵卒の鬣《たてがみ》」** 水上さんは、一九四四年に輜重隊に召集され、敗戦前に除隊になりました。その体験をもとに、一九七二年、雑誌『新潮』九月号に小説「兵卒の鬣」を発表し、一九七三年、吉川英治文学賞を受賞しました。この作品は、不破編集の『水上勉作品集　日本の戦争』（二〇〇八年、新日本出版社）に収録されています。

幹部の配置の場合にも、輜重部隊、輸送補給部隊には、有力な将官は配置しません。作戦を立てる際にも、補給方面の意見などはまともに聞かないのです。そういう扱いをしてきて、大本営の勇ましい作戦将校たちが、現地の状況の知識もなしに、地図だけを見て、勝手に線を引いて軍隊を送り込む、こういうやり方が最後まで続き、日本軍が配置された東アジアと西太平洋のほとんどすべての戦場が飢餓戦争の舞台になるという惨劇を引き起こし続けたのでした。

大量餓死の原因は日本軍の規律にもあった——「軍人勅諭」と「戦陣訓」

もう一つ、日本兵の大量餓死の原因には、私は、日本軍の規律の問題があると思います。

日本軍で最高の規律とされたものが、二つありました。

一つは、明治天皇が、一八八二年（明治一五年）、全軍におくった「軍人勅諭《ちょくゆ》」です。そのなかで、「朕《ちん》は汝ら軍人の大元帥なるぞ」と宣言したあとで、軍隊の規律の核心をなす二つの文章が出てきます。

まず、「ただただ一途《いちず》に己《おのれ》が本分の忠節を守り、義《ぎ》［天皇への忠義のこと］は山嶽《さんがく》よりも重く、死は鴻毛《こうもう》よりも軽しと覚悟せよ」という文章です。難しい言いまわしですが、要するに、私・天皇はお前たちの大元帥なんだ、だから天皇にたいする忠義は山よりも重い、自分の命は鳥の羽よりも軽い、そういう覚悟で戦争をやれ、これが核心的な規律の一つです。

もう一つあります。「下級のものは上官の命を承《うけたまわ》ること、実は直《ただち》に朕《ちん》が命を承る義なりと心得よ」。

つまり、下級の者が上官から命じられることは、天皇自身の命令と同じだと思ってそれに服従する、それが日本の軍隊の規律だと心得よ、ということです。これをもとに、日本の軍隊では、どんな無理無体な命令であっても、それに服従することが絶対的な規律となりました。

だから、大本営から作戦命令がきたら、現地の軍司令官がいくら反対しても、だめなのです。とくに大本営の命令（「大陸命《たいりくめい》」や「大海令《だいかいれい》」）は、ただ上級の命令というだけでなく、「朕」、すなわち、天皇自身が発した命令なのですから、それが現地の状況にどんなに合わないものであっても、結局、現地の部隊は、命令通りの作戦行動をとらざるをえないことになるのでした。

それに続いて、一九四一年一月、東条英機がまだ近衛内閣の陸軍大臣だった時に、全陸軍に発した「戦陣訓《せんじんくん》」という文書があります。この文書もまた、陸軍の全将兵を縛る最高の規律文書となりましたが、なかでも重要なことは、次の一節です。

「生きて虜囚《りょしゅう》の辱《はずかし》めを受けず、死して罪禍《ざいか》の汚名を残すことなかれ」。

絶対に捕虜《ほりょ》になるな、補虜になることは死より罪は重いぞ――日本軍は、この規律で徹底的に縛られた軍隊でした。

補給は長期にわたって絶え、食糧も弾薬もない、戦闘する力はない、そういう状態でジャングルに逃げこんでも、「生きて虜囚の辱めを受けるな」で縛られた軍隊は、餓死を待つか、戦車や大砲で武装した相手に銃剣で突撃して全滅するか、二つに一つしか道はありません。戦争の後半の時期には、「玉砕《ぎょくさい》」という言葉が大本営発表で繰り返されましたが［★］、これは、「戦陣訓」のこの規律が生み出したものでした。この銃剣突撃を、アメリカ兵たちは「バンザイ突撃」と呼んでいたようですが、日本以外の軍隊では、理解できない現象だったのだと思います。

★**「玉砕」** 私の記憶では、大本営が、その地の日本軍の全滅を、「玉砕」という言葉で表現したのは、ミッドウェー海戦に呼応して四二年六月、アリューシャン列島のアッツ島を占領した日本軍が、四三年五月、米軍の攻撃を受けて全滅した時の発表が、最初だったと思います。

こういう発表の際には、軍艦マーチではなく、「海行かば」という葬送調の曲を先行的に流しました（歌詞は『万葉集』のなかの大伴家持《おおとものやかもち》の長歌からとったものです）。

この二つの規律が、大量餓死および自殺的な突撃という二つの悲劇を生んだのでした。

ニューギニアの飢餓戦争

飢餓戦争のひどい例を、もう一つあげますと、ガダルカナル戦とほぼ同じ時期に始まったニューギニアでの戦争です。島ですが、何しろ南北の幅が六〇〇キロから七〇〇キロ、東西が二〇〇〇キロを超えるのです。日本とは比べものにならない大きな島です。

この島での戦争を、大本営は地図だけを見ながら計画したのです。この島の南岸にあるポートモレスビーが、戦略上の拠点になる。日本軍は北側から、山越えでポートモレスビーを攻略しよう、こんな大ざっぱな目論見《もくろみ》で、南北横断の作戦命令が下されてきました。山越えといっても、その山はスタンレー山脈と呼ばれる、富士山より高い四〇〇〇メートル級の山々が連なる山岳で、以前探検家が一回通ったことがあるらしいと言われるものの、ほとんど人跡未踏、しかもきびしい熱帯のジャングル地帯です。

大本営では、一部の作戦参謀が、地図に線を引いて、その山岳を越えて南岸に出撃し「ポートモレスビーを陥落させよ」という命令を独断で発したのでした。現地ではこの時すでに食糧不足で飢餓状態が始まっていました。そこへこの作戦命令です。現地の軍指導部が「陸路進攻は不可能だ」と答申すると、作戦を立てた当の陸軍参謀が飛んできて「大本営の決定」を無視するのか、と詰め寄る。結局、否応なしにこの無謀な作戦に取り組まされ、一万二千人の大部隊が、補給のめどなどまったく立たないまま、四二年八月、山岳横断作戦を開始しました。しかし、米軍の方は、ポートモレスビーにマッカーサーの司令部をおき、日本軍を包囲追撃しようと待ち構えていました。その激烈な攻撃を受け、一〇月に退却を余儀なくされますが、帰る基地も米軍に攻撃され、出撃部隊も基地に残った部隊もあわせて、ほとんどが全滅、この地域（ニューギニア東南部）に派遣された将兵一万八千人のうち生存者はわずか三千人という、ガダルカナル戦以上の悲惨な結果になりました。

この結果を見ても、大本営には何の反省もありません。ニューギニアが重要だと言って、その後、この島にさらに一四万八千人もの大兵力を送りこみました。この大部隊は、戦局の悪化とともに、補給も連絡も取れないままジャングルに置き去りになりました。戦争終結のさいの生還者は一万三千人、戦没者は一三万五千人にのぼりましたが、その九割は餓死者だとされています。

「きけ、わだつみの声」のインパール作戦

飢餓戦争は、日本軍が投入されたほとんどすべての戦線で起こりましたが、もう一つ、どうしても報告しておきたいのは、一九四四年、日本の敗戦への大勢がすでに目に見えていたときに、強行されたインパール作戦です。これは、大本営というよりも、現地の軍司令官の功名心が引き起こした飢餓戦争でした。

ビルマ（現ミャンマー）方面の軍司令官（牟《む》田《た》口《ぐち》廉《れん》也《や》中将）が、〝太平洋の戦線では負けているが、俺はインドに攻め込んで大成果をあげて見せる〟と意気込んで、この作戦を計画したのです。この人物は、一九三七年七月、日中戦争の発火点となった盧溝橋事件の時、現地で歩兵連隊長だった男で、それが七年後には一軍の司令官を務める将官にまで昇進していたのです。大本営も、無謀でも勇ましい作戦を立てる軍司令官には、文句が言えないようで、四四年一月初旬、この作戦に承認を与えました。

インパールとは、インド東北部アッサム州の都市で、日本軍が駐屯しているビルマの首都ラングーン（現ヤンゴン）からは直線距離でも八〇〇キロ以上あります。しかもその間に大河あり、密林あり、山脈ありで、予定した進軍路は、道路などなく、大部隊の補給線

の確保などまったく不可能なところです。ところが、司令官は、作戦に反対する参謀長を解任し、兵士に二週間分の携行糧食を持たせ「あとは野草と現地食糧で食いつなぐ」という方針で、四四年三月、インパールへの進軍を開始しました。

ようやく三月下旬、三個師団それぞれが三方面から目標のインパール平地に到達したものの、日本軍はどの師団も、食糧は底をつき、弾薬などの補給も皆無、しかも飢えと栄養失調による患者続出という状態になっていたのに、迎え撃つイギリス＝インド軍は、圧倒的に優勢な飛行機、戦車、火力を持っての反撃です。攻撃が成功しないのは師団長の責任だとして、三人の師団長全員を罷免しましたが、それで戦局が打開できるはずはありません。損害は増えるばかりです。

七月初め、大本営もようやく失敗を認めて作戦の中止を命令しましたが、退却への行路は、前線での戦闘以上に悲惨でした。飢えと戦傷で衰弱しきった兵士たちが、普通の身体でも通過困難だった数百キロの退路、しかも雨期に入った密林の中を逃げ帰るのです。退路は力尽きた兵士たちの死体で埋まり、「白骨街道」「靖国街道」と呼ばれるようになりました。この無謀なインパール作戦を含め、ビルマ戦線での戦没者は、作戦兵力三〇万三千人のうち一八万五千人、六一％にも達しました。

戦後、一九五〇年に「きけ、わだつみの声」という映画が作られました。その前に、学徒兵として大学在学中に動員されて戦没した人たちの手記が同じ名前で発表されたのですが、この学徒兵の運命を映画で表現しようとしたのです。その戦場として選ばれたのがインパール作戦でした。私は東京大学の大教室でその映画を見たのですが、凄惨《せいさん》きわまる「白骨街道」の情景は、日本の兵士たちがどんな戦争をさせられたのか、その実情をリアルに描き出したものとして、六〇年以上たった今でも、頭の中に強烈に焼きつけられています。

本当に、あらゆる戦場が、そういう飢餓戦争で満たされたのが、日本の戦争だったのです。

まさに「軍人勅諭」でうたわれたように、一人一人の将兵の命が、「鴻毛《こうもう》」、つまり鳥の羽のようにいとも軽く扱われた戦争でした。

「特攻作戦」は人命軽視の極致

この点で、私が言っておく必要があると思うもう一つの点は、戦争末期の「特攻作戦」のことです。戦争がいよいよだめだとなったときに、軍の首脳部が「最後の手段」として考え出した作戦でした。飛行機に爆弾を積んだまま航空兵もろとも敵艦に突っ込ませる、という「体当たり」戦術です。いま、なにか崇高な精神をもった作戦だったかのように褒めたたえる風潮が一部にありますが、とんでもない話で、これほど人間の命を軽く扱った戦法はありません。これはまさに、日本軍首脳部の人命軽視の極致というべきものでした。

いま、中東その他で、イスラムの過激派の〝自爆テロ〟が大きな問題になっています。おそらく、これをまともな戦法と考える人は、あまりいないでしょう。多くの人が、狂信的、非人間的な蛮行だと見ています。航空兵が爆弾を抱えたまま敵の軍艦に突っ込むというのは、この〝自爆テロ〟と同じ戦法なのです。

その戦法を考え出した人が、自分でそれを実行したというのなら、まだ理解の余地はあるでしょう。しかし、実態はまったく反対でした。軍の首脳部が考え出して、現実には多くの若者たちにこれを強制したのです。〝志願〟という言い訳もありますが、〝志願〟という名の強制だったことは、無数の事実が示しています。

しかも、戦法としては、〝自爆テロ〟と特攻作戦には、一つの大きな違いがありました。それは、特攻作戦の成功率がきわめて低かったことです。〝自爆テロ〟の場合は、攻撃目標のところへ行って、そこで自分で爆弾に火をつけるわけですから、ほとんど百発百中です。ところが、特攻というのは、最初のうちこそ、相手がまったく予期しない戦法として、一定の効果をあげましたが、次の段階では、相手側もこれに対応した戦法をとります。ですから、目標にぶつかる前に、対空砲火で撃ち落とされてしまうという場合が、圧倒的に多くありました。

先日、朝日新聞に特攻作戦を総括した数字が出ていました（二〇一四年一〇月一二日付）。特攻作戦の戦死者は五八四五人。そのあと、沖縄戦についてだけ、出撃機数とその戦果が対比されていました。特攻機の出撃機数は約三千機、それによる米軍の被害は、沈没した軍艦は一五隻だとのこと（米軍の発表による）。命中率は〇・五％だということになります。

そういうことを人間にやらせる。やっぱり〝自分の命は鳥の羽よりも軽いと覚悟せよ〟という規律が、こういう非人間的な戦法を生み出したのです。

戦時国際法を頭から無視した戦争

もう一つの見逃せない特徴は、戦時国際法を頭から無視した戦争だったということです。明治時代の日清、日露の戦争は、戦争の性格そのものは領土拡大をめざす侵略戦争でしたが、日本は文明国に仲間入りしようと懸命になっていた時代でしたから、戦時国際法を守らなければいけないということは、戦争指導部の頭にありました。「宣戦の詔書《しょうしょ》」にも、必ず「いやしくも国際法にもとらざる限り」（日清戦争の場合）、「およそ国際条規の範囲において」（日露戦争の場合）と戦時国際法遵守の意図を明記しましたし、その後、欧州大戦でドイツに宣戦布告した時にも、「詔書」には「国際法の範囲内で」という言葉は書き込まれました。

だいぶ前のことですが、テレビの「なんでも鑑定団」という番組をみていたら、第一次世界大戦のとき、日本国内のドイツ人捕虜収容所で使われていた郵便切手が出品されていました。捕虜たちが、収容所内に郵便局をつくり、郵便切手も自分たちで印刷して、お互いのあいだの通信をはかっていた。その郵便切手が鑑定団に出されたわけで、まったく珍しいものとしてたいへん高値がついていました。

ともかく、日本でも戦時国際法を守って、捕虜たちをそういう態度で待遇していた時代があったのです。

ところが、「一五年戦争」は、最初から、戦時国際法の否定を基本にして始まりました。一九三一年の戦争を〝満州事変〟と呼び、三七年に開始した日中戦争を〝支那事変〟と呼びました。

あれだけの戦争をやりながら、なぜ「事変」というのか。「戦争」と呼ぶと、戦時国際法を守る義務が出てくる、それを避けようというところに最大の理由がありました。

日中戦争を開始して間もない三七年八月、中国に出動した「駐屯軍」の参謀長あてに、陸軍次官が通牒《つうちょう》を出しています。〝いまは中国に対して全面戦争をしているわけではないから、戦時国際法の具体的な条項すべてを適用して行動する必要はない〟という趣旨の通牒です［★］。わざわざこういう注意をした。この通牒は、新たな軍が編成されて中国に派遣されるたびに、その都度《つど》だされていたとのことです。

★〝国際法は無視せよ〟の通牒　「陸軍次官の支那駐屯軍参謀長宛の通牒」（一九三七年八月五日）のこの部分の全文は、次の通りです。

「現下の情勢において帝国は対支全面戦争を為《な》しあらざるをもって『陸戦の法規慣例に関する条約その他交戦法規に関する諸条約』の具体的事項を悉《ことごと》く適用して行動することは適当ならず」（前掲藤原『餓死した英霊たち』二二二ページによる）。

明らかに戦時国際法など無視せよ、という通牒です。兵士たちには、もともと国際法など知らせていませんが、将校や士官たちは国際法の知識は持っているはずですから、新たな軍隊が中国に出動するたびに、この通牒を発して、国際法無視の戦争に徹するよう、念入りの措置をとったのでした。

あえて「事変」と呼んだもう一つの理由として、アメリカの「中立法」があげられます。公式に「戦争」だというと、「中立法」の禁止条項に触れて、石油などのアメリカからの輸入ができなくなる、という理由です。アメリカの「中立法」は一九三五年に制定されたものですから、日中戦争の場合には、その配慮があったことは確かでしょう。しかし、〝満州事変〟の時には、そんな状況はなかったわけです。国際法無視ということが、戦争という呼称を避けた、二つの「事変」を通じての大きな根拠だったことは、きちんととらえておくべき点だと思います。

国際法無視の立場は、太平洋戦争にも引き継がれました。

四一年一二月八日、対米英戦争にあたっての「詔書」は、国際法には一言も触れませんでした。明治以後、天皇が発した「宣戦の詔書」で、国際法の順守についてのべなかったのは、これが初めてでした。日本の戦争の異常な性格は、ここにも露骨に表われていたのです。

中国人に対する蔑視の教育

さらに、中国にたいする戦争で見逃してならないことは、中国人にたいする強烈な蔑視《べっし》があったことです。

藤原さんは、この本のなかで、「満州事変」後の一九三三年に、陸軍歩兵学校で生徒に配られた中国軍との「戦闘法の研究」という文書から、中国では「補虜の取り扱い」も他国並みにしないでよい、戸籍がちゃんとしていないから、殺しても世間的に問題になる国ではない、という文章を引用、紹介しています［★］。中国との戦争をこれから拡大しようという時、戦争のやり方についての「研究」文書に、中国の捕虜は殺してもかまわない、とわざわざ明記していたのです。戦争指導部がこういう考えを持ち、早くからその精神を部隊に徹底していたのです。もっとはっきり言えば、中国人の捕虜は「殺してもよい」ではなく、「殺すのが当然」という立場を、少なくとも陸軍指導部が最初から持っていたと見るべきでしょう。

★ **陸軍歩兵学校の文書から**　この文書の名称は『対支那軍戦闘法の研究』（一九三三年）で、「捕虜の取扱い」の項に、次のように記載されていました。

「捕虜は他列国人に対する如《ごと》く必ずしもこれを後送監禁して戦局を待つを要せず。特別の場合のほかこれを現地または地方に移し釈放して可なり。

支那人は戸籍法完全ならざるのみならず、とくに兵員は浮浪者多くその存在を確認せられあるもの少なきを以《もっ》て、かりにこれを殺害または他の地方に放つも世間的に問題となること無し」（前掲藤原『餓死した英霊たち』二二三ページによる）。

文面は、一応「殺害」かまたは「他の地方に放つ」か、どちらかの勧めとなっていますが、戦争の最中にわざわざ他の地方に輸送して釈放する手間をかけることなどありえないことですから、中国人捕虜に対しては「殺害」を可とした「戦闘法」の指導書でした。

それが中国との戦争に臨む基本姿勢ですから、日中戦争の当初から、南京大虐殺など、世界の常識で考えられないことが、日本の戦争では平気で起こってくるのです［★］。

★　**南京大虐殺**　一九三七年一二月の南京攻略後に起こった大虐殺は、中国人捕虜に対するこうした基本態度とともに、補給無視の作戦計画や上官の命令への服従を絶対とする軍律などから、起こるべくして起こったものでした。

三七年一一月に杭州《こうしゅう》湾に上陸した日本軍は、公式には上海方面の占領だけを任務とした部隊でした。ところが、中支方面の最高指揮官・松井石根《いわね》大将は、最初から南京まで軍を進めるつもりで、東京駅へ見送りに出た近衛首相に「自分は南京まで行く」と宣言していました（前掲近衛手記『平和への努力』九ページ）。

そして、実際、予想を超えた激戦を増援に次ぐ増援で乗り越えて、一一月上旬に上海地域を占領すると、各部隊が、競争で南京への追撃戦を開始しました。この追撃戦は、予定外のものですから、補給の用意はまったくなく、「現地調達」、つまり住民からの徴発《ちょうはつ》・掠奪《りゃくだつ》を基本方針として進撃したのです。当然、住民との関係は悪化し、公然と「すべての民衆を敵とみなせ」という命令を下した部隊もありました。こうして、住民への掠奪・暴行のかぎりをつくし、荒れに荒れた心理状態となった日本軍が南京に殺到したのです。こうして、陥落後の南京が、新たな掠奪・暴行・虐殺の舞台となったのでした。

さらに重大な事態は、南京陥落後、大量に生じた中国軍捕虜の処置に困って、軍の方針として、組織的殺害という暴挙に出たことです。自分の食糧補給も考えないで南京作戦を強行したのだから、捕虜の面倒まで見れるか、ということだったのでしょう。

南京攻略戦に参加したのは、第九師団（師団長・吉住良輔《りょうすけ》）、第十六師団（同・中島《なかしま》今朝吾《けさご》）、第十三師団・山田支隊（歩兵第百三旅団長・山田栴二《せんじ》）、第六師団（同・谷寿夫《ひさお》）、第百十四師団（同・末松茂治《しげはる》）、第五師団・国崎《くにさき》登《のぼる》支隊などですが、藤原氏はその著作『南京の日本軍——南京大虐殺の真相』（一九九七年、大月書店）のなかで、各師団ごとに、「戦闘詳報」や師団長など関係将兵の日記をもとに、組織的虐殺の実態を再現しています。

なかでも、経過とともに捕虜殺害の実態が生々しく分かるのは、第十三師団・山田支隊長の一二月一四日〜一九日の『日記』です。

一四日　捕虜の仕末［始末］に困り、あたかも発見せし上元門《じょうげんもん》外の学校に収容せし所、一四、七七七名を得たり。かく多くては殺すも生かすも困ったものなり。

一五日　捕虜の仕末その他にて本間騎兵少尉を南京に派遣し連絡す。皆殺せとのことなり。各隊食糧なく困却す。
一六日　相田中佐を軍に派遣し、捕虜の仕末その他にて打ち合わせをなさしむ。捕虜の監視、まことに田山［ママ］大隊大役なり。
一八日　捕虜の仕末にて隊は精一杯なり。江岸にてこれを視察す。
一九日　捕虜仕末のため出発延期、午前総出にて努力せしむ（同書四〇～四一ページ）。

ここで江岸というのは、揚子江岸のこと。捕虜の始末場所がそこだったのでしょう。

始末の方法の記述はありませんが、一定数集めては銃殺あるいは刺殺をしたのだと思います。部隊総出で一四、七七七人の捕虜を二、三日で始末したというのですから、まさに大量虐殺の地獄図絵が、軍の命令で描きだされたのでした。

この組織的殺害には、抵抗する部下もいましたが、ここでも「上官の命を承《うけたまわ》ること、実は直《ただち》に朕《ちん》が命を承る義なりと心得よ」（軍人勅諭）の規律が、絶対的な力を発揮しました。

藤原氏は、これに加えて、市内の掃討作戦や一般市民への残虐行為などを、多くの資料をもとに分析し、それらを総括して次のような推定をおこなっています。

「これらからみると、加害者である日本軍側の捕虜殺害や便衣兵《べんいへい》［一般市民の服装で偽装した兵士」処刑の記録、第三者である西欧人の証言や記録、それに日本軍占領下に活動した諸団体の埋葬記録などを総合して、南京とその周辺で犠牲となった中国軍民の数は、二〇万をこえているだろうということができる」（同書七三ページ）。

ドイツの軍隊でも戦時国際法は兵士に徹底していた

日本軍のこの実情に対比して、私が驚いたのは、ヒトラーの軍隊でも、兵士に戦時国際法を徹底していたという事実を知ったことでした。

シベリアに抑留されていた方々の組織があります。全国抑留者補償協議会という会ですが、その会長の斎藤六郎さんが著書『シベリアの挽歌《ばんか》』（一九九五年、終戦史料館出版部）のなかで書いているのです。

シベリア抑留中、ドイツ軍の捕虜に会った。彼らは、いわば日本の「戦陣訓」（本書六九ページ参照）にあたるものでしょう、「補虜十訓」というものを教え込まれていて、戦闘中にまもるべき基本から捕虜になった時の心得までよく知っていた、というのです。その「十訓」をみると、東条の「戦陣訓」とは大違いで、「不必要な野蛮行為を避け騎士道を守って戦うこと」から始まって、「降伏した敵兵の命はこれを奪わぬこと」、「捕虜を人道的に待遇すること」、「非戦闘員を迫害せず、略奪をしないこと」など、戦時国際法の大事な原則が全部入っているのです。自分が捕虜になる場合の心得も、「生きて虜囚の辱めを受くるなかれ」ではなく、「捕虜になった場合は自分の姓名を述べるが、軍の組織機密は厳守すること」ときちんと示しています［★］。この本を読んだ時、あのドイツの軍隊でさえ、ドイツの騎士道精神を忘れず、戦時国際法を将兵のあいだにこれだけ徹底させていたのかと、本当に驚かされました。

★ ドイツの戦陣訓　斎藤六郎『シベリアの挽歌』の関係部分は、次の通りです。
「シベリアには日本軍のほかポーランドやドイツの捕虜もいた。ドイツ捕虜は最大時二百万近くもいた。ドイツではヒットラーが政権を取る以前から政党結社の自由があり社会民主党や労働組合が存在していた。勿論《もちろん》捕虜の中にも多数の社会主義者がいた。彼らはソ連の宣伝を頭から受け付けなかったし、逆に捕虜になった際の教育をほどこされていた。日本軍は戦陣訓を携行し、『生きて虜囚《りよしゆう》の辱《はずかし》めを受くるなかれ』と教育していたのに、ドイツは『捕虜十訓』を携行させ、

『捕虜になったら氏名だけ名乗れ』

『殴られたりひどい目にあったら場所、日時、相手の氏名階級をよく記憶しておけ』

などと教えこんでいた。捕虜の権利とは如何《いか》にあるべきかを事実に即して教育していた。我々日本人は労働の行き帰りに軍歌を歌ったが、彼らの歌は何とヘルマンヘッセの歌であった。（ドイツ抑留者新聞編集長作詞）

ドイツの戦陣訓『兵十誡』
一、不必要な野蛮な行為を避け騎士道を守って斗うこと。
二、必ず制服を着用して斗うこと。
三、降伏した敵兵の命はこれを奪わぬこと。
四、捕虜を人道的に待遇すること。
五、ダムダム弾の使用を避けること。
［ダムダム弾：銃の弾頭が相手の体内で爆発するようにした弾丸で、人体への破壊作用の残虐性から、一八九九年のハーグ条約で戦争への使用が禁止されました］
六、赤十字を尊重すること。
七、非戦斗員を迫害せず、掠奪をしないこと。

八、中立非戦斗諸国を尊重すること。
九、捕虜となった場合は自分の姓名は述べるが、軍の組織秘密は厳守すること。
十、敵が右の諸原則を破ったときは報告すること」（同書一八四～一八五ページ）。

ヒトラーは、国際法を頭から無視した侵略戦争をやり、ドイツ国内および占領地のユダヤ人の大虐殺をやりましたが、一九三三年のヒトラーの政権獲得後、その指揮下に入ることになった国防軍は、彼が開始した戦争の中でも、軍として少なくとも戦時国際法を守る努力をしていたようです。

ヒトラーが、一九四一年、対ソ戦を開始する前に、この戦争の指揮にあたる将軍たちを集めて、〝ロシアとの戦争では騎士道にそったやり方は不可能だ。無慈悲で仮借《かしやく》のない苛《か》烈《れつ》な態度で戦え。この戦争では、国際法を侵犯しても、国防軍の軍人は一切の罪を免除される〟という演説をしたことがあります。将軍たちは大きな衝撃を受けたと言いますが、シベリアであったドイツ軍の捕虜たちの言動から見ても、国防軍の内部では、騎士道精神や戦時国際法を守る義務など、兵士たちへの教育は続けられたのです。

〝戦争礼賛〟派は、この現実を見よ

ところが日本の軍隊では、戦時国際法のことなど、兵士たちにはまったく知らされず、別個の規律——「軍人勅諭」と「戦陣訓」だけが、唯一の支配的規律となっていました。その内部で人権も生命の尊厳も認めず、国際法の存在さえ知らない軍隊が、他国の補虜や民衆の権利や生命を尊重するはずはありません。

いま、事実をもって明らかにされてきた南京大虐殺や「慰安婦」問題［この節末尾〈九一〜九四ページ〉の補論参照］などを前にして、そんなことはありえないと、〝大東亜戦争〟美化の叫びをあげている人たちは、日本の軍隊のこういう実態を何一つ知らないいま、それを、秩序正しい模範的な軍隊だと思いこんでいるのです。しかし、この軍隊は、軍の内部でも、外にたいしても、けっして模範的な軍隊どころではなかった。自分の国の兵隊に対してさえ、百数十万という規模で餓死させ自決させても平気な戦争指導部だったのです。ましてや他国にたいしては、です。

私は、この話はこれまでしたことはないのですが、沖縄戦の時にも、日本軍は敗戦で多くの県民を犠牲にしただけでなく、それにくわえて、さらに恐ろしい事態をひきおこしています。

私の妻の女学校時代の先生ですが、沖縄戦に動員されたのです。南部での攻防戦に敗れて、生き残った部隊が北部の国頭《くにがみ》の山のなかへ逃げ込みました。その部隊の中にこの先生もいたのです。海岸周辺の村々は、上陸した米軍が押さえて、すでに占領状態になっています。そうなると、山にこもった部隊からは、村民が米軍に通じたスパイ、敵に見えてきた、というのです。

ある時、仲間の一人が米軍の手に落ちた。手引きした村民がいるはずだと、目をつけた村民を捕えて、上官の命令で刺し殺した、自分も現場にいて上官の命令を止められなかった。戦後、そういう記録を書いて、私の妻のところに本を送ってきました。その先生は、その後、沖縄に行き、国頭の村々を訪ねて、自分たちが犯した罪を謝罪して歩いた、とのことです［★］。

★ 森杉多《すぎお》『空白の沖縄戦記』（一九七五年、昭和出版）、同『戦争と教育――ノモンハン・沖縄敗残兵の戦後』（一九九四年、近代文芸社）。

そういうことが、上官の命令があれば、日本の領土である沖縄で、同じ日本人のあいだでも起きる。これが、日本の戦争、日本の軍隊の現実であり、どんな面から見ても、世界に例がない真実の歴史だということを、私たちは、正面から、きちんと直視する必要があります。

［補論］日本の軍隊と「慰安婦」制度

講演では、「慰安婦」問題まで論じることができませんでしたが、やはり「日本の戦争」を考える場合、欠かすことができない深刻な戦争犯罪の問題です。ここで、日本軍がこういう恥ずべき制度を採用するようになった背景と実態に総括的な分析・批判をくわえた藤原彰氏の文章を紹介しておきたいと思います。

藤原氏の没後に刊行された論集『天皇の軍隊と日中戦争』（二〇〇六年、大月書店）に、『加害の精神構造と戦後責任』（ＶＡＷＷ―ＮＥＴ Ｊａｐａｎ編、二〇〇〇年、緑風出版）に収められた論文「天皇の軍隊の特色――虐殺と性暴力の原因」が収録されています。藤原氏は、その最後の節を「性暴力とその背景」にあて、冒頭、次のように述べています。

「アジア太平洋戦争における日本軍の戦争犯罪の中で、もっとも解明が遅れているのは強制連行、強姦《ごうかん》、輪姦《りんかん》、強姦殺害、強制性奴隷などの性暴力である。これは加害者側が記録を残さないこと、被害者側も告発しにくい事情があることなどによって、一九九〇年代になって、ようやく問題にされはじめた分野なのである」（同書一九ページ）。

そして南京事件の実態に触れたあと、「日本軍の性暴力の多出の背景」には、「近代日本の社会と、その中での軍隊が、著しく人権感覚を欠如していたこと、その中でアジア諸民族にたいする差別意識が意図的に養われたこと」、さらに「予期しない戦争の拡大によって、軍隊が膨大な数に拡大し、素質、訓練が低下して、軍紀が乱れていったこと」など、この時期の日本軍の特質があるとした上で、そのことを考慮しても、決定的な責任は中央と現地の軍指導部にあったことは明白だとして、支那派遣軍総司令官だった岡村寧次《やすじ》大将が、戦後、この問題について述べた講演を紹介しています。

そこには、性犯罪の多発と、軍自身がその防止策として「公然慰安婦」の制度を設けた経緯が、リアルに語られています。岡村講演とそれにたいする藤原氏の痛烈な批判は、次の通りです。

「こうした背景があったにせよ、日本軍の性犯罪多出の主要な責任が、軍中央部や現地の高級指揮官にあったことも疑いのない事実である。すなわち軍の基本は、戦闘第一主義であるとし、人権や人道を軽視していたことである。最後の支那派遣軍総司令官であった岡村寧次大将は、戦後の一九五四年四月一八日偕行社《かいこうしゃ》で行なった講演で、武漢《ぶかん》作戦の前に第十一軍司令官になったときのこととして、次のように語っている。

軍司令官着後まず某師団長を訪問したところ、同師団長は『私の師団の将兵は戦闘第一主義に徹し、勇剛絶倫なるも略奪、強姦等の非行を軽視し、団結心強きも排他心も強い。南京事件は前師団長時代のことであるが相当暴行をしたことは確実である云々』と、公平率直に報告した」。

藤原氏はここで、「某師団長」と「前師団長」の実名をあげ、「当時の軍の高級幹部が、戦闘第一主義で、強姦は必要悪と軽視していたことが現れている」と注釈した上で、岡村講演の紹介を続けます。

「岡村はさきの講演のつづきで、さらに次のようにも述べている。

当時各兵団は数十名の慰安婦を同行していた。兵站《へいたん》［★］の重要なる一機関になっているが、強姦予防のために上司も黙認という有様であったのである。日露戦争時代には慰安婦の同行は無かったが強姦も無かったのである。

我が陸軍では、昭和七年［一九三二年］春第一次上海事変の際、海軍側に倣《なら》って、公然慰安婦を設けたのが最初である。その当時極めて少数ではあったが、強姦罪が発生したが、この慰安婦を始めてからは、全くこの犯罪が無くなったのを記憶している。しかるに昭和十二年［一九三七年］の今日慰安婦を同行しても、なお多くの強姦する者を続出するのである。

すなわち、南京攻略戦後は『慰安婦』が制度化していたが、性犯罪は続出していたとしている。

軍が性犯罪防止のためにとった唯一の対策が、それ自体よりひどい性犯罪というべき『慰安婦』すなわち性奴隷制度だったことが、ここに示されているといえよう。軍の中央部は、人権や人道、さらには国際法を無視し、第一線部隊の性犯罪防止にたいする配慮を怠った責任を免れることはできない。それどころか、唯一の対策として、『慰安婦』、『慰安所』という性奴隷制度を組織的に採用した戦争犯罪を犯したのである。その歴史を明らかにし、責任を追及することは、まさに現代の課題であろう」（同書二一一〜二一三ページ）。

★**兵站**　作戦軍のために、連絡・交通の確保、車両・軍需品の前線輸送・補給・修理などに当たる軍事業務の総称。軍の最高司令官が「慰安婦」制度を「兵站の重要な一機関」と平気で位置づけているところにも、日本軍指導部の人権無視の異常な本性が露呈しています。

国民がどんな扱いを受けたか――国民の命より「国体護持」

国民の戦争責任――日本とドイツの根本的な違い

次は、この戦争のなかで、国民がどんな扱いを受けたか、という問題です。

今年（二〇一四年）六月、アメリカのカリフォルニア州立大学の研究者たちがきまして、私へのインタビューで日本の戦争についていろいろと聞かれました。そのなかに、〝ドイツでは国民の戦争責任とかが問題になっているが、日本ではどうなのか？〟という質問がありました。

私は、この問題では、日本はドイツとは全然事情が違う、と答えました。ドイツは、ヒトラー政権が成立した当時は、国民が選挙で政権を選ぶ権利をもった共和国でした。そのもとで、国民が、一九三二年の七月と一一月の総選挙で、ヒトラーの党を二度にわたって第一党に選んでしまった。それに保守諸党の思惑も加わり、三三年一月、ヒトラーが首相になったのです。そしてすぐ、国会放火事件をでっち上げ、共産党や社会民主党を排除・弾圧し、国民の権利を剥奪《はくだつ》するナチス独裁体制を確立しました。

これにたいして、専制体制下の日本では、国民が首相を選んだことは一度もない。だいたい首相は天皇が任命するもので、国民が選ぶものではない、そこがドイツとの一番の違いだという話をしました。

実際、日本は世界でファシズムが問題になる以前から、民主主義と平和の言論及び行動を徹底的に抑圧した国でした。日本共産党は、一九二二年、その体制下で生まれ、侵略戦争反対、専制政治・軍国主義反対でたたかい抜きました。世界の主要国で、共産党が、創立の最初から第二次世界大戦の終結の日まで、ずっと非合法だったという国は、日本以外にはありませんでした。

こうして、平和と民主主義の声を強権で排除した上で、天皇絶対、戦争美化の考え方を国民に徹底してたたき込みました。国民は、戦争の節々で、「満蒙《まんもう》生命線」とか、「膺懲《ようちよう》戦争」とか「大東亜共栄圏」、「八紘一宇《はっこういちう》」などのスローガンが吹き込まれて、戦場へ、また「銃後」（国内）では、工場などに動員されるなど、あらゆる手段で戦争への協力が要求されましたが、自分の意思表示をする機会は全然あたえられませんでした。これが、私たちが「絶対主義的天皇制」と呼んでいる戦前の国家体制でした。

太平洋の「絶対国防」ラインのあえない崩壊

その国民にたいして、日本の戦争指導部はどういう態度をとったか。そのことが、一番くっきりと現われて来るのが、戦争の最後の一年間だった、と思います。

日本の戦争指導部は、太平洋戦線での相次ぐ後退を受けて、一九四三年九月、中部太平洋に「絶対国防圏」という線引きをしました。この構想は、マーシャル群島、ラバウル、北部ソロモン群島、東部ニューギニアなどを放棄し、置き去りにされるこの地域の陸海軍部隊三〇万を飢餓戦争に追い込む決定でした［★］。しかし、四四年二月、日本海軍が中部太平洋最大の基地としていたトラック島が米機動部隊の攻撃を受けて壊滅状態となり、続いて五月、米軍がニューギニア西部への進撃を開始、六月にはマリアナ諸島のサイパン、ついでグアムに上陸作戦を開始（両島とも八月上旬に「玉砕」）、海上ではマリアナ沖で日米の両機動部隊の決戦で大敗し、「絶対国防圏」構想なるものは一年で完全に空文に帰しました。しかも、米軍は、サイパン島の占領で、東京を含め日本本土の全域を空襲できる絶好の拠点を確保したのです。

★ 置き去り部隊の運命　軍部中央は、「絶対国防圏」の設定後も、その圏外の中部太平洋の諸島に、陸軍部隊を派遣し続けました。これらの部隊には、米軍の攻撃をうけて「玉砕」するか、太平洋上の孤島で餓死を待つか、二つの道しか残されませんでした。藤原氏は、これを無意味な「捨石《すていし》」作戦だったとし、「補給が困難なことがこれほど明白になっているのに、あえて孤島に大部隊を投入しつづけた大本営の作戦担当者は、理性も判断力も失っていたとしか考えられない」（前掲『餓死した英霊たち』九〇ページ）と評しています。

こうした状況のもと、重臣《じゅうしん》たちの東条打倒工作が成功して、四四年七月、東条内閣が倒れますが、交代したのは、結局、陸軍の小磯国昭《こいそくにあき》大将を首相とする軍人内閣でした。みんな、このままでは負けると思っているのですが、ただ負けたのでは思うような講和――「国体」護持の講和はかちとれない、「もう一度勝ってからでないと……」、この思いが、天皇を始め戦争指導部全体にあるのです。だから、東条の退陣も、政治の転機とはならないままでした。

惨憺たるフィリピン「決戦」の経過

「もう一度勝って……」という期待が集中した最後の「決戦」が、四四年一〇月に始まったフィリピン戦でした。これは、「もう一度勝って……」などを期待する力は日本の戦争指導部にはもうない、このことを無残な形で実証したひどい戦争になりました。

日本側も、この頃、米軍の次の攻撃目標がフィリピンであることは、よくわかっていました。

そういう時期に、一〇月に入って、アメリカの機動部隊が沖縄諸島と台湾の沖合に現われたのです。日本は航空母艦はもうありませんから、台湾と沖縄の基地から航空隊を出して、迎え撃ちました。そのころは、日本の航空兵もベテランはほとんど戦死していて、主力は未訓練の航空兵ばかりでした。米艦を見つけ爆弾を落として水柱が上がると、「しめた！　一隻撃沈した」と思いこむ。その報告を集めてみると、大戦果です。大本営は、これを「台湾沖航空戦」と名づけ、久方ぶりの大勝利だとして、例の軍艦マーチ付きで大々的に発表しました。「航空母艦等一九隻、戦艦四隻、撃沈・撃破した」と。

ところが、実際には、この「航空戦」では、沈没したアメリカの軍艦は一隻もなく、空母は全艦が無傷でした。機動部隊（第三艦隊）の司令官（ハルゼー）は、日本側のこの発表をラジオで聞いて、ニミッツ太平洋艦隊司令長官に、大本営発表をからかう次のような報告を打電したと言います。

「沈没または損傷したわが第三艦隊の各艦は、今や浮上復旧し敵に向かって高速力にて退却中なり」（毎日新聞社図書編集部訳編『太平洋戦争秘史――米戦時指導者の回想』一九六五年、毎日新聞社　二二三ページ）

フィリピン上陸作戦の援護のために進撃していることを「退却中」と表現したわけです。

一方、日本の軍部は、自分たちが勝手に思い込んだ大戦果に舞い上がってしまい、この「大勝利」を根拠に、フィリピン戦の作戦計画の全面的な変更に乗り出しました。

フィリピン戦の責任者は山下奉文《ともゆき》という大将で、米軍はまずレイテ島に上陸するだろうが、ここで迎え撃つ条件はない、彼らがそこからルソン島に前進してきたのを迎え撃つ、こういう「ルソン決戦」の方針を立てて、大本営も承認していました。

ところが、舞い上がった大本営が、米軍は機動部隊を失ったので、空からの援護なしに裸で上陸してくる、だからレイテで迎え撃とう、こう主張して、現地の反対を無理やり押さえこみ、決戦の戦場をルソンから準備不足のレイテにいきなり切り替え、主力部隊をレイテ島に移動させたのです。

しかし、移動した部隊が目の前にしたのは、空からの援護なしの裸の上陸作戦ではなく、無傷の機動部隊の全面援護のもとでの強力な米軍部隊の上陸作戦でした。水際での撃退どころか、日本軍はたちまちジャングルに追い込まれました。フィリピン戦で最も悲惨な状態に追い込まれ最大の犠牲者を出したのは、こうしてレイテで戦わされた部隊でした［★］。大本営はあわてて、「ルソン決戦」に戻すという戦略転換をおこないましたが、主力をレイテに移動させてしまったルソン部隊は、上陸する米軍に抗する戦力はなく、四五年二月にはマニラも陥落、残るのは山中での持久戦だけでした。おまけに、レイテからルソンへの再度の戦略変更を、軍部だけで決めて小磯首相に知らせなかったため、小磯首相が一月一日の国民への呼びかけで「いよいよレイテ決戦」と強調し、天皇から、「決戦はルソンに変わっているよ」と注意されるという、お粗末な一幕さえ起こりました。陸軍出身の首相でも、大本営からは、その程度の扱いしか受けなかったのです。

★ **レイテなどフィリピン戦の悲惨**　藤原氏は、ルソンからレイテへの「決戦」場所の変更によって起こったレイテ戦の悲劇的な状況を次のように記述しています。
「陸軍はルソン島から急いでレイテ島に兵力を送ろうとして、その多くをむざむざと沈められてしまった。やっとレイテ島に上陸した増強部隊も、装備の多くを失っていた。この方針変更は、結果として多くの兵力を、何の援護もないままに米軍の砲爆撃の中に投入しただけだった。

このためレイテ島では、決戦どころか、上陸した陸軍部隊は、兵器も弾薬も欠乏し、食糧は皆無で飢餓に晒《さら》される結果となった」（前掲藤原『餓死した英霊たち』一〇四～一〇五ページ）。

さらに、このレイテ戦の総決算を数字として、藤原氏は、フィリピン戦に参加した作家・大岡昇平《しょうへい》氏の『レイテ戦記』（一九七二年　中央公論社）から、その数字を援用しています（厚生省援護局の調査によるもの、同書一〇七ページ）。

投入兵力　　　八万四〇〇六名。
戦没者　　　　七万九二六一名。
転進・生還者　四七四五名（概数）。

実に投入兵力の約九四％が戦没したという凄惨《せいさん》な数字です。これに輸送途中の死者をくわえれば、戦没者の割合は九九％に限りなく近づくでしょう。

なお、フィリピン戦の全体については、藤原氏は、戦没者約五〇万、戦場別にすれば最大だとし、正確な戦死と病死の割合は明らかにされていないが、「純然たる戦死者よりも、栄養失調を原因とする病死、餓死の方がはるかに多かった」と結論しています（同書一〇九～一一〇ページ）。

大本営が最後の期待をかけたフィリピン戦も、結局、太平洋戦争中、最大規模の飢餓戦争として終わったのでした。

ところが、最後の期待をかけたフィリピン戦がこんな結果に終わっても、「もう一度勝ってから……」の姿勢は変わらないのです。日本の戦争指導部が、せめてこの時点で戦争終結への決断をくだしていたら、三月、五月の東京を始め全国の主要都市のほとんどすべてを焼き尽くした本土大空襲も、沖縄戦も、広島、長崎への原爆投下も、ソ連参戦による〝満州〟、サハリンの悲劇も起こらなかったのです。

しかし、二月、重臣たちへの天皇の諮問に応えて、近衛が、敗戦は「最早必至」、国体護持からすれば「一日も速やかに戦争終結の方途を講ず」べきだとの「上奏文」を提出した時も、天皇の答えは、「もう一度戦果を挙げてからでないと……」というきまり文句の繰り返しでした。「戦果をあげる」どころか戦争継続の能力もない現実を目の前にしながら、戦争終結の責任ある決断ができない戦争指導部だった、ということです。

「ポツダム宣言」を無視して戦争継続に固執

フィリピン戦のあと、戦争指導部は、国民の前にどんなスローガンをかかげたか、というと、「国体護持」、「本土決戦」、「一億玉砕」です。私たちは、毎日のように、このスローガンを吹き込まれ、その覚悟を求められました。

「本土決戦」といっても、特別な戦略があるわけではありません。九十九里浜など、米軍が上陸しそうな海岸にみんなで穴を掘って、そこに竹槍をもって敵を迎え撃つとか、もうそんな作戦しか考えつかないのです。

ガソリンがなくなったから松の根を掘り、それから油を抽《ひ》き出すというので、戦争の末期には中学生も松の根掘りに駆り出されました。

そういう状態になっても、「本土決戦」といっている。「本土決戦」、「国体護持」、「一億玉砕」というのは、「国体」なるものを守るために、国民全部が死んでも仕方ないという意味です。それを平気で国家的なスローガンにしたのです。

七月二六日、連合国が「ポツダム宣言」を発表しました。そのなかで、日本が降伏した時の条件が示されました。よく「無条件降伏」と言いますが、これは、軍が無条件で戦争行為をやめるということで、「ポツダム宣言」には、降伏後の日本に連合国が何を求めるか、どんな体制を実現しようとしているか、日本国民になにが保障されるか、そういう諸条件が詳しく規定されていました。

ですから、連合国がこの宣言を発表した時こそ、戦争指導部に最も真剣な対応が求められた瞬間でした。

ところが、この最も重要な時に、指導部は、正式の最高戦争指導会議を開くことさえしなかったのです。七月二七日、鈴木貫太郎《かんたろう》首相と閣僚などが非正規の形で集まって、短時間の会議で、「宣言」は発表するが、政府のコメントはつけない、という態度を決め、閣僚会議でもその結論を確認し、ノー・コメントで「宣言」の新聞発表をおこないました。そのあと、軍部にこれでは弱腰だと突き上げられて、七月二八日、首相が記者会見をおこない、「ポツダム宣言」は「黙殺」し「戦争完遂にあくまで邁進《まいしん》する」、これが日本政府の公式態度だとする発表をおこなったのです。これは、拒否声明以外のなにものでもありませんでした。

しかも、政府は、「ポツダム宣言」の内容を公表する時にも、国民と軍隊の士気に影響するからという理由で、大事な二つの文章を削除して発表しました。政府がそうまでして国民の目から隠そうとした〝危険な〟文章とは、次の二つの条項でした。

「日本国軍隊は、完全に武装を解除せられたる後、各自の家庭に復帰し、平和的かつ生産的の生活を営む機会を得らるべし」。

「われらは、日本人を民族として奴隷化せんとし、または国民として滅亡せしめんとするの意図を有するものにあらざるも……」。

この時、日本政府が連合国の公式宣言への対応に真剣な検討の態度をとらず、「黙殺」「戦争完遂に邁進」という拒否声明を発表したことは、日本の運命にとって決定的な意味を持つことでした。これを受けて、アメリカは、原爆投下計画に、ソ連は対日参戦と〝満州〟攻撃の計画に、発動への最後のスイッチを入れました。

ソ連が参戦し長崎に二発目の原爆が投下されたあと、天皇が下した「聖断」をたたえる向きもありますが、「ポツダム宣言」の発表の時こそ、日本の運命のために「聖断」が必要な瞬間だったのです。

一億国民の生命さえ賭けた「国体」とは何だったのか

この時のためらいにも、根底には「国体」の問題がありました。

では、一億国民の生命を賭《と》しても護持する必要がある「国体」とは、いったいなんだったのか。

「国体」の真相を物語る敗戦前夜の一つの会話があります。

一九四五年七月下旬、「ポツダム宣言」発表の前後に宮中でおこなわれた会話です。

天皇の腹心の幹部に木戸幸一《きどこういち》内大臣という人物がいます。この木戸幸一内大臣が、七月二五日、ちょうど「ポツダム宣言」発表の前の日に、本土決戦になった時のことを心配して、天皇に進言するのです。心配したのは、国民の運命ではありません。

「本土決戦になったら大本営が捕虜になることもありうる」。これは、天皇が捕虜になることもある、ということです。「そのときに三種の神器が危《あぶ》なくなる」。国民でも、天皇の運命でもなく、「三種の神器」の運命が心配だというのです。

「三種の神器」とは、古来、天皇の皇統上の正統性の証拠物とされてきた三つの〝宝物〟(八咫鏡《やたのかがみ》、草薙剣《くさなぎのつるぎ》、八坂瓊曲玉《やさかにのまがたま》)のことで、いずれも神話上のあれこれの物語と結びついていました。当時、曲玉は東京の皇居に、剣は熱田《あつた》神宮(愛知県)、鏡は伊勢神宮(三重県)にそれぞれ収蔵されていました。

木戸の結論は、ともかく、その危険な事態を防止するためいま緊急にやるべきことは、「講和」への道を真剣に講ずることだという訴えにありましたから、その限りでは意味のある進言でした。

天皇は、五日後の七月三一日、木戸内大臣に、熟慮した上での回答なるものを示しました。それは、「いろいろ考えたが、三種の神器は自分の身辺に移しておお守りするのが一番よい」——「移す」というのは、現在、伊勢と熱田にある二つの神器も自分のところに移す、ということです、そして「移す」場所は「信州」を考えてはどうか、というものでした。「信州」というのは、「本土決戦」が始まった時に、天皇と軍首脳部が、政府とともに立てこもるために、当時、長野県松代《まつしろ》に建造していた「地下大本営」のことです。

内大臣の方は、講和の緊急性が言いたくてもちだした話でしたが、天皇の方は、もっぱら「本土決戦」になった場合の三種の神器の守り方に絞っての回答で、講和の問題への言及は一言もありませんでした。これが、鈴木首相が「ポツダム宣言」の拒否会見をした三日後のことです。この時点でも、天皇自身の頭には、「本土決戦」が当然のこととして想定されていたのです［★］。

★ 天皇と木戸内大臣の「三種の神器」問答

「ポツダム宣言」前後に戦争指導部の最頂点でかわされた重要な会話ですから、『木戸日記』から、主要部分の原文を紹介しておきます。

「七月二十五日（水）晴

……

午前十時二十分拝謁《はいえつ》す。戦争終結につき種々御話《おんわ》ありたるをもって、右に関し大要左の如《ごと》く言上《ごんじょう》す。

今日軍は本土決戦と称して一大決戦により戦機転換を唱えおるも、これは従来の手並経験により俄《にわか》に信ずる能《あた》わず。万一之に失敗せんか、敵は恐らく空挺《くうてい》部隊を国内各所に降下せしむることとなるべく、斯《か》くすることにより、チャンス次第にては大本営が捕虜となるというが如きことも必ずしも架空の論とは云えず。ここに真剣に考えざるべからざるは三種の神器の護持にして、之を全《まっと》うし得ざらんか、皇統二千六百有余年の象徴を失うこととなり、結局、皇室も国体も護持［し］得ざることとなるべし。之を考え、しかして之が護持のきわめて困難なることに想到《そうとう》するとき、難をしのんで和を講ずるは極めて緊急なる要務と信ず」（『木戸幸一日記』一九六六年、東京大学出版会　下巻一二一九～一二二〇ページ）。

「二〇・七・三一
御召《おめし》により午後一時二十分、御前に伺候《しこう》す。大要左の如き御話ありたり。
先日、内大臣の話した伊勢大神宮のことは誠に重大なことと思い、種々考えて居《い》たが、伊勢と熱田の神器は結局自分の身近に御移《おうつし》して御守《おまも》りするのが一番よいと思う。しかしこれを何時御移しするかは人心に与うる影響をも考え、よほど慎重を要すると思う。自分の考えでは度々御移するのも如何《いかが》かと思う故《ゆえ》、信州の方へ御移することの心組《こころぐみ》で考えてはどうかと思う。この辺、宮内《くない》大臣［石渡荘《いしわたそう》太《た》郎《ろう》］ととくと相談し、政府とも交渉して決定してもらいたい。万一の場合には自分が御守りして運命を共にするほかないと思う。……」（同書一二二一ページ）。

ここで、天皇と「三種の神器」の移転先とされた松代の「地下大本営」については、こういう話があります。

宮内省から、工事中に、建設状況の視察・点検に来たそうです。その役人（侍従《じじゅう》）が、「三種の神器」はどこにおくことになっているか、と言う。現地の工事事務所の代表が、天皇の部屋の隣にその置き場をつくっていると答えたら、その役人は「とんでもない」と色をなして怒った、というのです。「陛下には万一のことがあっても、三種の神器は不可侵である」、こう言って、もっと安全性の高い場所に移せと命令した、こういう経過が工事主任の書いた記録に残されています［★］。

★ 青木孝寿《たかじゅ》『松代大本営　歴史の証言』（一九九七年・改定版、新日本出版社　一一五～一一六ページ）

私は、この経過を知って、昔の源平合戦の最後の場面、壇ノ浦合戦（一一八五年）の話を思い出しました。平家側にいた幼い安徳帝《あんとくてい》が海に飛び込んで死ぬのですが、攻めた源氏側では、幼い天皇の死よりも、この天皇とともに「神器」の一つである剣が海に沈んだことが大問題になりました。天皇の生死よりも神器の運命が大事だという「国体」護持派の考えは、七六〇年前の壇ノ浦合戦の時代とまったく変わらないのです。

一億国民を犠牲にしても「国体」を護持せよ、というのが、当時の戦争推進派の叫びでしたが、その「国体」とは結局、あの三つのモノなのです［★］。そのモノを護持するために、敗戦に敗戦を重ねても戦争継続に固執し、本土を焼野原にし、沖縄全島を戦場にしても、「一億玉砕」、「本土決戦」を叫び続けたのです。まさに、日本の戦争指導部とそれがかかげた旗印の〝正体見たり〟ということではありませんか。

★ このモノを古代の遺物として見るときにも、壇ノ浦合戦での水没や京都の火災での繰り返しの焼失など多くの異変があり、そのたびに模造品がつくられたとされ、その歴史的価値については、大きな疑問があります。

安倍内閣――戦後世界秩序壊す日本版「ネオナチ」勢力

最後の問題は、この戦争を安倍内閣はどう見ているのか、です。

それまでの自民党政府との論戦

はじめにのべたように（本書一四〜一九ページ）、日本の戦争にまともに向き合おうとしないのは、自民党政府の伝統的体質でした。戦争の性格は分からない、決められないで逃げていました。私たちは、その誤りを追及し続けました。

この問題で変化が起きたのは、一九九三年八月の「慰安婦」問題の事実を認め、反省の態度を示した「河野談話」、同じ八月の総選挙後、侵略戦争の反省を表明した細川護熙《もりひろ》首相の記者会見でしたが、この立場は、九五年八月、村山富市《とみいち》首相が、日本は「植民地支配と侵略によって、多くの国々、とくにアジア諸国の人々に対して多大の損害と苦痛を与えた」ことを認め、反省とお詫びを表明する談話を発表したことで、日本政府の公的な立場となりました。

ところが、この流れに対して、公然と逆流を起こしたのが、小泉純一郎首相の靖国神社参拝でした［★］。〝大東亜戦争〟礼讃の立場に公然と立ち、A級戦犯まで祀《まつ》っているこの神社に首相が参拝することは、村山談話以来の政府の公的な立場を事実上御破算にする行動でした。

★ 小泉首相の靖国参拝　二〇〇一年八月の首相就任後最初の参拝以来毎年おこない、首相在任最後の〇六年八月まで続けました。

私たちは、この時、ことの重大性から、問題を国際的にも広げる批判が必要だと考えて、二〇〇五年五月、党本部の大会議場で「時局報告会」を開き、各国大使館の方々や内外のジャーナリストを広く招待しました。そこで、私が「日本外交のゆきづまりをどう打開するか」と題する報告（『日本の前途を考える』二〇〇六年、新日本出版社所収）をおこない、問題の靖国神社が、ただの戦没者追悼の施設ではなく、侵略戦争礼賛を本来の精神とする神社であり、その精神は、この神社の軍事博物館・遊就館《ゆうしゅうかん》の戦争史の展示のなかにあからさまに表われていることを、具体的に説明しました。効果は絶大で、この日以後、外国大使館の人々や海外ジャーナリストが続々と遊就館を訪れるようになり、靖国神社の実態が、国際的な批判の目にもさらされるようになりました。

この報告は、党議長としての公式の発言でしたが、より機動的な論戦も必要でしたから、私は、「しんぶん赤旗」紙上の一論客として、「北条徹《てつ》」というペン・ネームで、「〝靖国史観〟とアメリカ」など一連の論文を書いて、批判を続けました［★］。「靖国史観」という言葉は、〝大東亜戦争礼賛〟論の特徴づけとして、ここで初めて使ったものでした。

北条徹というペン・ネームは、実は、以前、私がまだ鉄鋼労連の書記として活動していたころ、『前衛』に論文を書いた時に使ったもので、その四十数年後の復活でした。

★「しんぶん赤旗」に掲載したのは、次の三つの論文です。「〝靖国史観〟とアメリカ」（二〇〇五年五月二七日付）、「ここまで来たか〝靖国史観〟」（六月七日付）、「首相参拝と〝靖国〟派の要求」（六月一一日付）。今回、本書に収録しました。

ただ小泉首相は、靖国神社参拝に固執《こしつ》したものの、「植民地化と侵略」の歴史を反省した村山談話を否定することはしませんでした。批判にたいして、「私は侵略を認める」、日本の戦争の間違いも植民地化も認めるが、「靖国参拝は追悼のためだけだ」と答えました。だから私たちは、彼の言葉と行動との矛盾を強くついたものです。

九〇年代に生まれた「日本の戦争」礼賛の異質な潮流

しかし、靖国参拝に固執した小泉首相の行動の背景には、九〇年代に自民党内で頭をもたげてきた異質な潮流――日本の戦争への評価を避けるのではなく、これを正義の戦争だったとして肯定・美化・礼賛する潮流が強大化してきた、という問題がありました。

〝戦争礼賛〟の潮流がいつ、公然と姿を現わしたかと言うと、まさに「河野談話」が発表され、細川首相の記者会見での「侵略戦争」発言があった一九九三年八月でした。そこに危機感をもった自民党内の〝戦争礼賛〟派が、この流れを押しかえして、自民党内で支配権を握ろうという動きを開始したのです。

九三年八月、自民党のなかに「歴史・検討委員会」という組織がつくられました。そこに「大東亜戦争は正義の戦争だった」という立場に立つ議員たちが、みな集まったのです。この委員会の主役は奥野誠亮《せいすけ》氏、事務局長は板垣正《ただし》氏でした［★］。その年の選挙で当選したばかりの安倍晋三《しんぞう》氏も、真っ先に駆けつけました。

★ **奥野誠亮**　戦前、特高警察畑の内務官僚で、戦後自治省に移って自治官僚のトップとなり、一九六三～二〇〇三年、奈良選出の衆議院議員。一九八一年、「みんなで靖国神社に参拝する国会議員の会」結成のさい初代会長となりました。

板垣正　A級戦犯として処刑された板垣征四郎の二男。一九八〇～一九九八年、自民党参議院議員。

この「歴史・検討委員会」は、二年後の九五年八月、その検討成果を『大東亜戦争の総括』という本として発表しました（展転社《てんでんしゃ》）。「大東亜戦争」とは、当時の政府・軍部が自分たちの戦争を美化してつけた呼称です。その結論も、〝あの戦争はアジア解放と日本の自存《じそん》・自衛の戦争、正義の戦争だった〟と、戦争中の日本の戦争指導部の主張をそのままくり返したもので、南京大虐殺や「慰安婦」問題についても、すべてでっち上げだった、と結論づけました。

それで、まず、この〝戦争礼賛論〟を学校教育に持ち込もうという作戦を立て、〝礼賛〟派の学者たちを集めて、その線での歴史教科書づくりの運動をおこし（「新しい歴史教科書をつくる会」、九六年一二月発足）、九七年二月には、この運動を応援する国会議員の組織「日本の前途と歴史教育を考える若手議員の会」（略称・教科書議連）を発足させました。この議連では、当選四年目の安倍晋三氏が早くも事務局長に抜擢《ばつてき》されました。

彼らが作った〝戦争美化〟の歴史教科書が、文部省の検定に合格したのが、森喜朗《よしろう》政権末期の二〇〇一年一月でした。私は、七月に始まった参院選の公示の日（七月一二日）、大阪での演説で、政府のこの暴挙を糾弾し、〝戦争礼賛版〟『歴史教科書』の内容を歴史の事実にてらして批判する論文を、選挙中から選挙後にかけて「しんぶん赤旗」に連載しました［★］。

★ **「赤旗」連載論文**　「〝日本は正しい戦争をやった〟　子どもたちにこう思いこませる教育が許されるか」（「しんぶん赤旗」二〇〇一年七月一五日付）、「朝鮮にたいする植民地支配を子どもたちにどう教えるのか」（同年八月四日付）、「『歴史教科書』は中国にたいする侵略戦争をどう書いているか」（同年八月五日付）の三回連載でした。これを本にまとめたのが、『ここに「歴史教科書」問題の核心がある』（二〇〇一年、新日本出版社）です。二〇〇二年には、これをもとに、戦争と植民地支配の全貌をより詳細に解明した『歴史教科書と日本の戦争』（小学館）を刊行しました。

ウルトラ右翼勢力の政治支配を一日も早く終わらせよう

この経過からわかるように、安倍晋三氏は、「教科書議連」の事務局長、すなわち、〝戦争礼賛〞の教科書づくりの張本人でした。

そして、二〇〇〇年には森内閣の官房副長官、〇三年には自民党幹事長、〇五年に小泉（第三次）内閣の官房長官、〇六年に首相就任と、政府・自民党内での出世街道を駆け上がってゆくのです。まさに、「大東亜戦争」肯定論という異質な潮流の真っただ中で育成され、先輩たちからその使命を叩き込まれて、首相にまで押し上げられた人物でした。

現状は、安倍氏を先頭に、〝戦争礼賛〞の異質な潮流が、政権と自民党を乗っ取った状態だと言ってよいでしょう。この潮流に属するウルトラ右翼の団体はいろいろありますが、なかでも最も注目されるのは、「日本会議」と「神道《しんとう》政治連盟」だと思います。どちらも大東亜戦争の礼賛と天皇を中心とする日本の国づくり、憲法づくりを旗印とする〝戦争美化〟の中心組織で、それぞれ「国会議員懇談会」という名称で、国会議員の組織をもっています。安倍晋三氏は、首相になったいまでも「日本会議国会議員懇談会」の特別顧問、「神道政治連盟国会議員懇談会」では、会長をつとめています。

第二次安倍改造内閣の一八人の自民党閣僚は全員が、日本会議か神道政治連盟の議員連盟に入っていました。一〇月に「政治とカネ」の問題で辞任に追われた二人に代わって就任した新閣僚にも、「神道政治連盟」のメンバーがいますから、内閣のウルトラ右翼的性格はまったく変わっていません。侵略戦争の美化・礼賛一色の内閣です。

自民党というのは、昔は保守派総連合といわれて、戦争の問題でもさまざまな考えの方がいました。たとえば、古賀誠《まこと》さんという方は、党幹事長や大臣など要職を歴任し、宏《こう》池会《ちかい》という有力派閥の会長をやったりした方で、遺族会の会長もしていました。遺骨を収集に戦場のあとを歩いて、多くの日本兵が餓死した現場に出あう、そういう体験のなかからも、日本軍の大半が飢え死にしたという日本の戦争の現実を身に染みて知っている方です。〝戦争礼賛〟の流れにのっとられた自民党では、こういう方々には、発言の場所というか、居場所がなくなるのです。それで、古賀さんが「しんぶん赤旗」に居場所をみつけて、発言してもらったら、「赤旗」に居場所、発言の場所を求められる方が、次々と登場されました。自民党の中心部分にそういう軋《きし》みが出るほどの異常な流れが、いま日本の政治を乗っ取っているのです。

最近、自民党の何人かの女性議員が日本のネオナチ団体の幹部と写真を撮ったことが、問題になりました。「ネオナチ」は、ヨーロッパでは民主政治の枠外のウルトラ右翼の団体とされていますが、要するに、〝ヒトラーの戦争は正しかった〟というのが「ネオナチ」なのです。安倍首相を中心にした日本の政治潮流は、ヒトラーと腕を組んでやった日本の侵略戦争を、〝あの戦争は正しかった〟といっているのです。まさに主張と行動そのものが、「ネオナチ」と同質・同根ではありませんか。一緒に写真をとったことが問題なのではなく、日本・ドイツ・イタリアの枢軸諸国が同盟を結んで戦った戦争にたいして、礼賛という共通の態度をとっていることが、問題なのです。安倍首相が率いるこの異質な潮流こそ、日本版「ネオナチ」そのものだといわなければなりません。

私は冒頭に、来年二〇一五年に、第二次世界大戦が終結して七〇周年を迎えると言いました。本当に日本は大事な時にきていると思います。安倍首相がくつがえそうとしているのは、憲法九条と日本の戦後史だけではないのです。第二次世界大戦でファシズム・軍国主義とたたかい、侵略戦争の断罪のうえに戦後の世界秩序を築いた世界の戦後史と戦後秩序そのものをくつがえそうとしているのです。

この面からいっても、安倍自民党の政治は、まさに亡国の政治だといわなければなりません。この政治がはびこったら、日本はこの地球上で生きてゆくことができなくなります。安倍首相が財界とともに原子力発電所などの売り込みに世界を走りまわっても、この政治のもとでは、日本は生きてゆく道を失うのです。

そういう意味で、このウルトラ右翼勢力の政治的支配を一日も早く終わらせる、ここに、今日、日本の未来のためにも、アジアと世界の平和のためにも、日本国民が果たすべき重大な責務があるということを、みなさんにお訴えして、話を終わりたいと思います。

どうもありがとうございました。

(『前衛』二〇一五年二～三月号)

〝靖国史観〟とアメリカ

〝靖国史観〟とアメリカ

靖国《やすくに》神社の問題というと、中国や韓国・北朝鮮など、アジアの近隣諸国との関係がすぐ問題になりますが、日本の戦争を賛美する靖国神社の戦争観――〝靖国史観〟で問題になるのは、アジア諸国だけではありません。その攻撃の矛先《ほこさき》は、日本と戦ったすべての国ぐに――アメリカをはじめ、反ファッショ連合国の全体に向けられています。

〝「大東亜戦争」を引き起こした責任はアメリカにあった〟

「日本は明治開国以来、欧米列強の植民地化を避け、彼らと同等の国力をやしなうべく努力してきました。日本をじゃまもの扱いにし始めた米英の抑圧と、中国の激烈な排日運動にもがまんを重ねてきました。

でも、日本民族の息の根を止めようとするアメリカの強硬な要求は、絶対に受け入れることはできなかったのです。

戦争を避ける道がなかったわけではない。すべての権益《けんえき》を捨てて、日清戦争以前の日本にもどるという道もあったのではないかという人もいます。しかし、それは戦争をしなくても、戦争に負けたと同じことです。

……

極東の小国・日本が、大国を相手に立ち上がった大東亜戦争、これは国家と民族の生存をかけ、一億国民が悲壮な決意で戦った、自存自衛《じそん》の戦争だったのです」。

これは、戦争のさなかに、軍の統制下にあったラジオ放送の解説報道ではありません。いま靖国神社の展示館「遊就館《ゆうしゅうかん》」の一室で、毎日上映しているドキュメント映画『私たちは忘れない』のナレーションの一節、なぜ日米戦争が始まったかについての解説です（この映画は、靖国神社の後援のもと、「日本会議」と「英霊にこたえる会」が作成したもの）。

太平洋戦争をひきおこし、アジア・太平洋地域にあれだけの大惨害をもたらした元凶《げんきょう》は、アメリカだった——こういう宣伝が、靖国神社では、毎日繰り返されているのです。

〝ルーズベルトが日本に「開戦」を「強要」した〝

「遊就館」というのは、靖国神社が〝靖国史観〟の宣伝のために三年前（二〇〇二年七月）に大増築した展示館で、そこでは日清・日露、中国侵略戦争、太平洋戦争などの戦争史の全体が、二〇の展示室を使って展示されています。その展示に、日本がおこなった侵略戦争や他国への植民地支配にたいする反省は一かけらもありません。

日本がやった戦争のすべてが、日本の「自存自衛」と欧米勢力からアジア諸民族を「解放」するための戦争として描きだされています。そこには、「侵略」という言葉さえなく、戦争の呼び名も、侵略戦争の実態をごまかすために日本の政府・軍部が使った呼び名——「満州事変」「支那事変」「大東亜戦争」という呼び名が、そのまま使われています。

「遊就館」が展示でとくに力を入れているのは、「大東亜戦争」で、五室にわたっています。最初の部屋は、開戦事情に当てられていますが、表題はなんと「避けられぬ戦い」です。

そこで説明されている「開戦事情」とは、アメリカのルーズベルト大統領が、不況から脱出できないことと、ドイツと戦争する計画が「米国民の反戦意志」にはばまれていたことに悩み、そこから抜け出す活路を、日本に「開戦を強要する」ことに求めた、ということです。こうして、日米開戦の責任は、あからさまな形で、アメリカ政府に押しつけられます。

「大不況下のアメリカ大統領に就任したルーズベルトは、昭和十五（一九四〇）年十一月三選されても復興しないアメリカ経済に苦慮していた。早くから大戦の勃発を予期していたルーズベルトは、昭和十四年には、米英連合の対独参戦を決断していたが、米国民の反戦意志に行き詰まっていた。米国の戦争準備『勝利の計画』と英国・中国への軍事援助を粛々《しゅくしゅく》と推進していたルーズベルトに残された道は、資源に乏しい日本を、禁輸で追い詰めて開戦を強要することであった。そして、参戦によってアメリカ経済は完全に復興した」（「遊就館」展示）

〝アメリカの陰謀の場となった「日米交渉」〟

「遊就館」展示では、この立場から、「日米交渉」の内容にかなり多くのスペースをあてていますが、この問題についても、〝靖国史観〟の本音は、映画『私たちは忘れない』の解説の方により分かりやすく出ているでしょう。

日米交渉は一九四一（昭和十六）年四月から始まりました。戦争の回避に努力する日本と、対日戦争準備の時間稼ぎだけをねらうアメリカ、映画のナレーションは、こういう図式で、日米交渉のなりゆきを解説します。

そして、この解説によると、開戦への最後の引き金を引いたのは、日本を戦争に追い込むアメリカの陰謀だったのです。

「アメリカのルーズベルト大統領は、いかにして日本に最初の一発を撃たせるかを考えていました。それはイギリスのチャーチル首相の要請でもあったのです。

十一月二十七日、ハル国務長官［日米交渉のアメリカ代表］からアメリカ側の回答がよせられました。運命のハル・ノートです。

ハル・ノートは、中国やフランス領インドシナから、いっさいの日本軍隊および警察の撤退、日本、ドイツ、イタリアの三国同盟の破棄、中国における蔣介石《しょうかいせき》政府以外の政権の否認などを要求する強硬なものでした。

このハル・ノートに日本政府は絶望しました。中国大陸には多くの権益があり、わが同胞も多数生活している。それを残して軍隊、警察を撤退させることはできない。ことに満州には、日清、日露の戦いで多くの将兵の犠牲のもとに取得した合法的な権益がある。それを捨てることはとうていできない」（映画ナレーション）。

要するに、日本が望んだのは、中国を侵略・支配する権利をアメリカが認め、その戦争に必要な石油などの軍需物資の供給をアメリカが保障することだった。ところが、アメリカは、中国侵略の中止、日本軍の撤退を要求してきた。これは、日本を開戦に追い込むためのアメリカの無法な要求だ、こんな強硬な要求を出してきたのは、「日本に最初の一発を撃たせる」ためのアメリカの謀略だったのだ、これが「日米開戦」についての、〝靖国史観〟の解説です。

これは、日本の歴史的な権利だとして、中国への侵略と支配の〝権利〟に固執《こしつ》した日本の帝国主義者のかつての議論の蒸《む》し返しにすぎません。

それは、〝靖国史観〟の鼓吹《こすい》者たちが、いかに戦前の日本の膨張主義の亡霊にとりつかれているか、それをさまたげた中国の抵抗闘争やそれを援助した世界の諸勢力をいかに恨み続けているかを、浮きぼりにしているだけです。

「適切な判断」をくだすべき焦点はここにある

靖国神社が、あらゆる宣伝物を通じて、日本国民のあいだにもちこもうとしている日本の戦争の「真実」とは、こういうものです。

靖国神社・遊就館の図録

〝靖国史観〟によれば、この戦争は日本国民にとっても、アジア諸民族にとっても「避けられぬ戦い」だったのです。「正義」は戦争に決起した日本の側にあり、この日本と戦った国ぐには、中国であれ、アメリカ、イギリスであれ、「正義」にそむく不正不義の勢力なのです。この〝靖国史観〟の矛先は、日本が侵略した中国などのアジア諸国だけでなく、日独伊のファシズム・軍国主義の侵略陣営とたたかった反ファッショ連合国のすべてに向けられています。

そして、この立場から、「避けられぬ戦い」での戦没者を、正義の戦争に生命を捧《ささ》げた英雄と位置づけ、その「武勲《ぶくん》」をたたえるところに、靖国神社の特別の役割があります。

この戦争観は、日本の戦争にたいする国際社会の審判に、完全に背を向けたものです。

しかも、この神社は、自分たちの戦争観を日本国民のあいだに宣伝することが、靖国神社の固有の「使命」だと宣言しています。

日本共産党の不破哲三議長（当時）は五月一二日の時局報告会で、靖国神社を「日本の戦争は正しかった」論を広める「運動体」だと呼び、そのよってたつ精神は、ヨーロッパでいえば、ネオ・ナチの精神に匹敵する、と特徴づけました。（不破哲三「日本外交のゆきづまりをどう打開するか」前掲『日本の前途を考える』所収）

これは、この「神社」の、宗教施設の領域を越えた特別の役割を指摘したものでした。

小泉首相は、自分の靖国参拝の弁明として、「戦没者への追悼」以外に他意はない、という意味の言葉を繰り返しています。しかし、戦争で命を落とした多くの戦没者・犠牲者を追悼する場として、侵略戦争の美化を使命とするこの神社を選ぶことが、「過去の植民地支配と侵略」への反省の言葉と両立するでしょうか。

国を代表する政府の責任者として「反省」の言葉を口にする以上、小泉首相が、いま真剣に考え、「適切な判断」を下すべきは、まさに、この点にあるのではないでしょうか。

（署名・北条徹　「しんぶん赤旗」二〇〇五年五月二七日付）

ここまで来たか〝靖国史観〟

売られていた「大東亜戦争」礼賛の写真集

靖国神社の「遊就館」。戦争史の展示を見おえて玄関ホールに向かうと、途中に売店の区画があり、そこに〝靖国グッズ〟が並んでいます。書籍もありますが、その多くは、〝靖国史観〟の宣伝書です。そのなかでひときわ目立つ歴史パノラマ写真集『世界に開かれた昭和の戦争記念館』全五冊（一九九九〜二〇〇二年刊）を手にとって、驚きました。戦争のさなかに軍の報道部が編集したものかと、思わず錯覚するような、「大東亜戦争」礼賛の写真集だったからです。

それもそのはずです。

第一回配本（一九九九年刊）の第3巻の巻頭にかかげられた「本シリーズの狙い」には、刊行者たちの意図が、あからさまに書かれています。

この文章は、まず言います。

「戦後日本では、全国各地に『平和』の名を冠した記念館が建設された。それらは我が国が『侵略国』であり、『加害国』であり、アジア諸国に迷惑をかけた、という謝罪的雰囲気が根底にある」。

この状況を「見るに見かねた」のが、「本シリーズ」作成の動機だということです。おそらく、こんなことでは、「大東亜戦争」を戦った日本人の魂はどこに行ったのか、これが、刊行者たちの思いだったのでしょう。

では、日本に建てられるべき「記念館」とは、どんなものであるべきか。この文章は、こう訴えます。

「我々が戦争記念館を作るとしたら、昭和の動乱を生きた日本の国家的立場と、栄光と英雄の歩みを根底に置かねばならない。特に大東亜戦争の場合は、空前のスケールを持った民族体験であり、世界史上においても前例のない数々の遺産を残した。その積極的役割を謳《うた》いあげるとともに、『昨日の敵は今日の友』の精神をもって、敵国の立場も理解し、勇戦にも敬意を払う。

すなわち『世界に開かれた昭和の戦争記念館』にしたいのである」。

要するに、「大東亜戦争」を「世界史上においても前例のない」日本民族の一大偉業として意義づけ、その戦争を戦った「日本の国家的立場」、そこに刻まれた「栄光と英雄の歩み」をうたいあげる、そういう戦争礼賛記念館をつくりたい。しかし、いますぐ、その建設に取りかかる条件はないから、せめて「博物館風」に編集した「写真構成シリーズ」全五冊をつくる——ここに刊行の「狙い」があるというのですから、このシリーズが、ページを開くものを、あまりにも熱狂的な戦争礼賛ぶりで驚かせるのには、なんの不思議もありません。

「大東亜戦争」は「日本民族のクライマックス」だった……

全五冊のなかでも、その熱狂が絶頂を見せるのは、第2巻『大東亜戦争と被占領時代』でしょう。巻頭のカラー・グラビア（次ページ写真）は、金色の鵄《とび》を弓の先にとめた神武《じんむ》天皇の絵姿や、戦時下の一九四〇年、宮崎県に建てられた「八紘一宇《はっこういちう》」の塔の写真などが並び、「大東亜戦争は国史の総動員——神武創業の甦り《よみがえり》」と題して、次のような解説がつきます。

紀元二千六百年を記念して宮崎県宮崎市八紘台（現在は平和台と改称）に建てられた「八紘一宇」の塔

神武天皇の弓の先にとまっている金色の鵄（とび）は東征に際して護り導いたとされている。この故事から武功をたてた軍人に与える金鵄勲章が明治23年に制定された

大東亜戦争は国史の総動員

神武創業の甦り

いかなる国でも、国家が危機に遭遇すると、歴史が甦るものである。特に先の大東亜戦争は、我が国の歴史始まって以来のスケールをもった大戦争であった。緒戦の赫々たる大戦果から、玉砕・特攻と続く悪戦苦闘、そして惨憺たる敗戦という壮絶なる民族ドラマの中にあって、歴史体験が総動員されたといえる。神武東征の進軍歌から創業のみことのり、万葉の防人の歌、元寇の国難に対する国民的団結、楠木正成父子の七生報国、維新の志士たち、日清・日露戦争の奮戦、というように民族のエネルギーは、これらの体験の復活によって培われた。

神武天皇お船出の地とされる宮崎県日向市美々津浜に建てられた「日本海軍発祥之地」碑

写真集第２巻の巻頭グラビア。神武天皇と金鵄《きんし》の絵（右上）と「八紘一宇《はつこういちう》」の記念塔の写真（左上）を示して、「大東亜戦争」を「神武」以来の大事業と説く

「いかなる国でも、国家が危機に遭遇《そうぐう》すると、歴史が甦るものである。特に先の大東亜戦争は、我が国の歴史始まって以来のスケールをもった大戦争であった。緒戦の赫々《かくかく》たる大戦果から、玉砕《ぎょくさい》・特攻と続く悪戦苦闘、そして惨憺《さんたん》たる敗戦という壮絶なる民族ドラマの中にあって、歴史体験が総動員されたといえる」。

続いて、目次を開くと、「日本民族のクライマックス」だったと、この戦争を天まで持ち上げた第一部の大見出しが目に飛びこんできます。

戦争の最中での軍部の戦争宣伝ならいざ知らず、戦後の日本で、あの侵略戦争を、最大限の形容句を総動員してここまで褒《ほ》めたたえた文章を、私はほかに見た記憶がありません。戦争の美化・正当化につとめる文章は、いわゆる〝右派〟ジャーナリズムに、毎日のように登場しますが、神武東征《とうせい》や「八紘一宇」の〝歴史〟まで持ち出し、あの戦争を「日本民族のクライマックス」とまでたたえる文章は、〝右派〟ジャーナリズムの世界に持ち込んでも、希有《けう》な存在となるのではないでしょうか。

刊行会には靖国神社宮司が参加

いったい、この空前の戦争礼賛の本を、誰が刊行したのでしょうか。

本の巻末には、「昭和の戦争記念館」刊行会の役員名簿がのっています。会長は、板垣正《ただし》氏。元参議院議員で、靖国神社への合祀《ごうし》が問題になっているA級戦犯・板垣征四郎《せいしろう》陸軍大将の二男にあたる人です。編集長は、名越二荒之助《なごしふたらのすけ》氏。「元高千穂商科大学教授」の肩書で紹介されていますが、靖国神社が後援してつくったドキュメント映画『私たちは忘れない』の冒頭に出演して、日本の戦争は「欧米諸国の植民地勢力にたいする、アジアを代表する日本の抵抗」だったと、「アジア解放」戦争論を述べたてた人物です。

それに続いて、刊行会顧問一二人の名簿がならびますが、なんと、そこには、靖国神社宮司《ぐうじ》・湯沢貞《ただし》氏（当時）の名前があるではありませんか。

「大東亜戦争」礼賛のこの写真集は、「遊就館」の売店で売られているというだけでなく、靖国神社がその刊行に参画している、靖国神社公認の「戦争写真集」だったのです。

政府の「反省」談話を「嘘と誤り」だと攻撃

写真集のページを繰ってゆくと、「嘘《うそ》と誤りに満ちた村山談話」（第2巻、二〇〇一年刊）という見出しが、目に入りました。「村山談話」といえば、日本政府の公式見解で、いまでは、小泉首相も、この談話とほぼ同じ立場で、過去への反省の態度を表明しています。それを「嘘と誤りに満ちた」ものと非難するとは、〝靖国史観〟に立つ人たちの、日本政府の立場への公然たる挑戦にほかなりません。

いったい、「村山談話」のどこが「嘘と誤り」なのか。〝靖国〟派の非難の論理は、簡単明瞭《めいりよう》です。この「談話」が反省した核心の部分――「植民地支配と侵略」が事実無根の「嘘と誤り」だというのです。

〝侵略のために戦ったものは一人もいなかった〟

まず、「侵略」の問題について、〝靖国〟派の言い分はこうです。

「そもそも大東亜戦争に参加したもので、侵略のために戦ったものは一人もいなかった」。村山氏だって、陸軍軍曹として、大分県の郷里から入隊したとき、「侵略」のために出征したはずではなかったろう。自分の良心を裏切る大ウソをつくな。「どうしても日本に『侵略』のレッテルを貼《は》りたいのであったら、米・英・蘭や中国の国籍を取得してから言えばよい」。

これが〝靖国〟派の侵略否定の論理ですが、これほど、恥知らずな、偽りの論理はないでしょう。侵略を計画し実行したのは、一部の戦争指導者たちであって、彼らに動員されて戦場に駆り出された、日本の一般国民ではないのです。〝靖国〟派の人たちは、日本の戦争指導者たちが、中国や東南アジアを日本の「領土」にすることをめざしていた明白な歴史の事実を知らないで、ものを言っているのでしょうか。それとも、事実を知りながら、「自分の良心」を裏切って、こんな暴論を吐いているのでしょうか。

たとえば、一九三一年九月、日本は〝満州事変〟を起こして、中国の東北地方を侵略しました。これを実行したのは、この地方に駐屯《ちゆうとん》していた日本の陸軍部隊・関東軍ですが、その首謀者の一人である高級参謀・板垣征四郎（当時）は、戦争を起こす四カ月前に、関東軍の上級将校の会議で講演「満蒙《まんもう》問題に就《つ》いて」をおこない、〝自分たちの終局の目的は、満州〔中国・東北地方〕と蒙古《もうこ》〔現在の内モンゴル自治区〕を日本の領土とすることにある〟と明言しています（『太平洋戦争への道――開戦外交史』資料編　朝日新聞社　一九六三年）。

もう一つ事実をあげましょう。〝靖国〟派が、アジア解放の戦争だったといって口をきわめて賛美する「大東亜戦争」のさなか、一九四三年五月の大本営政府連絡会議は、占領した南方諸地域にたいする対策方針「大東亜政略指導大綱」を決めました。そこでは、東南アジアの扱いについて、「マライ、スマトラ、ジャワ、ボルネオ〔カリマンタン〕、セレベスは帝国領土と決定」すると、明記されています。その他の地域についても、〝満州国〟なみの政府をつくらせて「独立」の形をとるが、日本の支配権は確保する、というのが方針でした。

「帝国領土」と傀儡《かいらい》政府づくりとのこの仕分けそのものは、情勢の変動とともに変化しますが、あれこれの地域にどちらの支配形態を割り当てようと、東南アジアを日本の支配下に置くという「侵略」の方針は一貫していたのです。

〝日本は、朝鮮・台湾を植民地にしたことはない〟

次は、「植民地支配」の問題です。〝靖国〟派は、この本のなかで、反省すべき植民地支配などなかったというために、前代未聞の議論を持ち出しています。

「日本はアジア諸国を植民地にしたというが、台湾と朝鮮は植民地ではなく日本領であった。日本は日本と同じレベルに高めるべく、同化政策を推進した。……当時の台湾人や朝鮮人は、進んで大東亜戦争に志願した。……そして双方で計五万人の戦死者を出し、靖国神社に合祀《ごうし》されている」。

あきれて開いた口がふさがらないとは、このことです。日本の「侵略」を否定する人たちが、植民地支配の問題になると、これは「日本領」にしたのであって「植民地」ではない、と言い張るのですから。他国を併合して「日本領」にしたり、他国からその領土を奪って「日本領」にする、それこそまさに「侵略」であり、また「植民地支配」ではありませんか。

しかも、この人たちの頭には、朝鮮や台湾を日本の「領土」にしたのは、朝鮮や台湾の人びとに恩恵をほどこしたものとして、映っているようです。〝日本領にしたのだから、植民地支配などなかった〟という開き直りの暴論にくわえて、朝鮮や台湾の人びとの魂を踏みにじった「同化政策」（日本式の名前や日本語教育の強要など）や、戦争の「人的資源」として強制・半強制のさまざまな手段を使っておこなわれた戦場への動員、さらにはその犠牲者たちの靖国神社への勝手な「合祀」までを、日本があたえた恩恵だったかのように言い立てる、これは、植民地支配者たちの思い上がりの再現以外のなにものでもありません。

靖国神社は、戦争礼賛論の最大の発信地

〝靖国史観〟は、ここまで来ています。靖国神社は、〝日本の戦争は正義の戦争だった〟

という自分の戦争観を、あらゆる手段を使って内外に発信する、〝靖国史観〟の日本最大の根拠地となっており、第二次世界大戦での侵略者たちへの世界の審判をくつがえそうとするきわめて危険な挑戦者という役割を、いよいよ強めてきています。

しかも、少しでも、戦争や植民地支配を反省しようとするものには、たとえ、日本政府の公式の見解であっても、容赦なく攻撃をくわえてきます。こういうやり方にも、ヨーロッパにおけるネオ・ナチを思わせるものがあります。

事態は、ここまで来ているのです。現状では、靖国神社のこの役割と、戦没者への慰霊とを、切り離して扱うことはできません。

小泉首相が、靖国参拝の正当性を、戦没者への追悼という自分の心情から説明しても、その説明の無理はいよいよはっきりしてきました。日本政府の責任者として、その参拝行為によって、靖国神社の戦争礼賛の立場に公認の裏付けを与えることは、許されないからです。

小泉首相が、戦没者への追悼の気持ちを表わす場として、靖国神社に固執することは、現実には、〝靖国史観〟の宣伝者たちを励まし喜ばすだけのことであり、戦没者への追悼の気持ちそのものとも矛盾する結果となるのではないでしょうか。

（署名・北条徹　「しんぶん赤旗」二〇〇五年六月七日付）

首相参拝と〝靖国〟派の要求

戦争観に一線を画しながら、なぜ参拝に固執するのか

六月二日（二〇〇五年）の衆院予算委員会、日本共産党の志位和夫委員長との問答のなかで、小泉首相は、いくつかの重要な言明をしました。

一つは、靖国神社が、「日本の戦争は正しかった」とする戦争観にたっていることを知っているか、という質問にたいし、「靖国神社がそのような考えをもち、そのような発言をされていることは、承知している」と答えた上で、「靖国神社には靖国神社の考えがあるだろうが、これは政府と同じものではない」、自分が参拝するからといって、「靖国神社の考えを支持しているんだと、とらないでいただきたい」と述べたことです。

また、靖国神社が、太平洋戦争の開戦の責任をアメリカに押しつける立場に立っていることについての見解を問われたときにも、「戦争をした責任については、日本は戦争を起こしたわけですから、戦争責任は日本にある」と答え、靖国神社の戦争観とは一線を画して日本の戦争責任を認める立場を表明しました。

それなら、なぜ、戦争の正当化に自分の最大の使命があると宣言している靖国神社への参拝に固執するのか？　志位さんと小泉首相との問答を聞きながら、多くの人びとが、この疑問をいっそう深くしたのではなかったでしょうか。

そしてまた、この疑問をもつ多くの人びとには、「私は、戦争の犠牲者への追悼の気持ちで参拝しているだけだ」と、いまや決まり文句のようになった首相の弁明の言葉が、きわめて弱々しく、もっとはっきりいえば、きわめて虚《うつ》ろに響いたのではないでしょうか。

この問題をめぐる状況は、大きく変動しつつあります。世論調査でも、首相の参拝に反対する声が多数を占めるようになり、自民党の有力者たちからも、参拝の中止や靖国問題の再検討を求める意見が、次々と表明されています。

それにもかかわらず、首相は、靖国参拝の既定方針は変えず、「適切に判断する」という対外公約も、参拝の是非の判断は含まず、参拝実行の日時を「適切に判断する」というだけのことに、切り替えてすまそうとしているようです。

こんなことでは、日本外交が現在のゆきづまりから抜け出せないことは、あまりにも明白なのに、小泉首相は、なぜ靖国参拝に固執するのでしょうか？

「英霊にこたえる会」が制作したドキュメント映画

この疑問を解くカギの一つが、靖国神社の現場にありました。

例の「遊就館」ですが、二階の展示場の東隣に「映像ホール」が設けられていて、〝靖国史観〟を映像化したドキュメント映画を、毎日、上映しています。前に紹介した戦争史ドキュメント『私たちは忘れない』（制作・「日本会議」「英霊にこたえる会」、後援・靖国神社）は、その一つでしたが、同じようなドキュメント映画に、「英霊にこたえる会」の企画制作になる『君にめぐりあいたい』があります。

「英霊にこたえる会」とは、〝靖国史観〟を信奉する〝靖国〟派の中心団体の一つで、その事務所は、「遊就館」のなかにおかれています。

この映画の前半は、日本の戦争史を〝靖国〟流に描きだすことにあてられています。この主題は、『私たちは忘れない』と共通ですが、そのなかに、前の作品にはなかった独自の基調が強く流れているのが、大きな特徴となっています。

それは、首相の靖国参拝を求める政治的な呼びかけです。

映画は、現代日本の平和な情景の映像から始まります。それが太平洋を思わせる海面の光景に変わり、次のナレーションが流れます。

「五十数年前、この国は、一つの戦争をしていました。日本という国が生きるか死ぬか。存亡をかけた戦いをしていました。大東亜戦争です。日本人が全力を出しつくして戦った戦争です」。

“首相の靖国参拝はなぜ中断したのか”

続いて、画面は、一九四一年一二月八日早朝、アメリカ海軍の拠点基地・真珠湾《しんじゅ》への奇襲攻撃の成功を発表する大本営の報道官の姿に転じ、日本が戦場とした「大東亜共栄圏」の広大さを地図で示したあと、今度は扇情的な調子をこめて、再びナレーションが始まります。

「戦える者はすべて、日本という国のために、愛する家族、恋人を守るために、戦場におもむいたのです。

しかし、今日、英霊の御心《みこころ》は国家に、同胞に聞きとどけられていないばかりか、日本は侵略戦争をしたという、その罪の一端まで背負わされているのです。

日本政府を代表する内閣総理大臣の靖国神社参拝は、中断されています。なぜなのでしょうか。

大東亜戦争を批判する人がいるからですか。日本は侵略戦争をしたと考えているからですか。日本軍は残虐な行為をしたと信じているからですか。英霊につくす感謝の心はないのですか」。

こうして、首相の靖国参拝が中断している事態が、「英霊」の名において告発されます。ここに、このドキュメントの特別の主題があったのです。

映画には制作年次が明記されていませんが、「会」の文書によると、この映画が制作されたのは、二〇〇〇年の初めごろでした。

中曽根康弘《やすひろ》首相が一九八五年を最後に公式参拝をとりやめて以後、〝靖国〟派は、首相参拝の再開を要求し続けてきましたが、その訴えの具体化として、映画の制作を計画し、二〇〇〇年のこの時期にそれを完成させたのです。

日本の戦争史と結びつけて靖国参拝を要求

訴えのあと、映画は、あの戦争は「本当はどんな戦争だったか」「あの時の若者がどんな気持ちで日本を守ろうとしたのか」、それを「あなたがたに伝えたい」といって、日清・日露から「大東亜戦争」にいたる日本の戦争の歴史を、〝靖国〟流にふりかえります。戦争史の解説者は、大本営陸軍部参謀だった人物。国民が戦争中、軍部から聞かされた戦争宣伝そのままの解説とともに、戦争の画像が続きます。

日本の戦争目的として、「自存自衛」がしきりに連発されますが、「大東亜戦争」の緒戦《しょせん》の勝利は、米軍の反攻によって戦況は大逆転します。映画は、「玉砕」した日本軍の累々《るいるい》とした遺体の情景を執拗《しつよう》に映しだしますが、それは、次のナレーションを際立たせるためでしょう。

「日本軍は……降参することなく、最後まで戦いました。それは何のためですか。日本のためです。……家族のため、愛する人のため、少しでもアメリカ軍の日本本土上陸を遅らせることができるならと、しかばねを築いていったのです。

この日本軍将兵に、あなたがたは悪いことをしたと言えますか。……

日本はいま独立国です。その誇りと自負があるならば、日本政府は大東亜戦争などで亡くなられた方々に、心からの哀悼を捧げるべきではないでしょうか」。

この、戦没者への追悼を強引に戦争の正当化に結びつけたナレーションのあと、ふたたび、首相参拝の要求が、「英霊」の名によって持ち出されます。

「内閣総理大臣ならびに全閣僚、三権の長、そして天皇陛下がご参拝になられて、英霊の御霊《みたま》は鎮まり、全国のご遺族のお気持ちは安まるのです」。

この要求に正面からこたえた最初の首相

小泉首相が、自民党の総裁選挙に勝利して、首相になったのは、この映画がつくられた翌年、二〇〇一年四月のことでした。

そして、小泉首相は、当選した最初の年から、靖国神社への参拝を実行し、それをすでに四回も繰り返してきました。

中曽根首相以後、日本の首相は、竹下、宇野、海部、宮沢、細川、羽田、村山、橋本、小渕、森と、何人も交代してきましたが、靖国参拝の問題でこういう態度をとった首相は一人もいません。任期中に一回だけ参拝した首相は複数いるようですが、誰も、それを繰り返すことはしませんでした。

まさに、小泉首相は、靖国神社への連続参拝を実行することで、「英霊にこたえる会」など〝靖国〟派の要求を正面から受け入れた最初の首相となったのです。

〝靖国〟派の首相参拝の要求が、日本の戦争を正当化するという大目的から出た要求であることは、すでに詳しく見てきました。このような要求には、なんの道理もありません。

しかも、〝靖国〟派は、首相自身も内外に明言した「植民地支配と侵略」への反省という日本政府の立場を、「嘘と誤り」だといって、最大限の悪口雑言《ぞうごん》をならべて攻撃しているのです（本書一三五～一三六ページ）。

この〝靖国〟派への義理立てが、首相が靖国参拝に固執する理由の一つになっているのだとしたら、これは、私的な党略的利益を――いや「党略」というよりも、「派略」といった方が正確でしょう、私的な派略的利益を、日本の国益の上におく逆立ち政治の典型ではないでしょうか。

首相は、そのような道理に反するしがらみはきっぱりと断ち切って、未来に開かれた日本外交の進路をこそ真剣に探究すべきです。

〝靖国参拝を天皇も参加する国家的大行事に〟

首相参拝をもって戦争正当化の手段にするという〝靖国〟派の要求は、さらに進んで、靖国参拝を一大国家的行事にすることで、〝靖国史観〟を日本の国論に格上げしようという、途方もない計画と結びついています。

さきほどの映画は、紹介した最後の部分で、首相の靖国参拝を、まず政府の閣僚の全員と三権の長、つまり衆参両院議長と最高裁長官を勢ぞろいさせる行事に発展させ、さらには、天皇もこれに加わらせようという、目標を提起していました。こうして、靖国参拝が、天皇を含む、日本の国家機関のすべての代表者が参加する国家的行事になれば、そのことを通じて、「日本の戦争は正しかった」という自分たちの戦争観を、公認の日本の国論にすることができる――彼らがこの計画にこめた思惑は見え見えです。

歴史を逆転させようとする〝靖国〟派のこの野望は、日本の未来のため、アジアと世界の平和のため、絶対に許すわけにはゆきません。

外交的困難の打開のため、日本の未来のため、かさねて決断を求める

冒頭に見たように、小泉首相は、六月二日（二〇〇五年）の衆院予算委員会での答弁で、自分は、戦争を正当化する靖国神社の立場にくみするものではない、という立場を明らかにしました。

これが、小泉首相のまじめな政治的立場であるのならば、靖国神社の異常な戦争観が明らかになった以上、また、首相の靖国参拝を利用してその戦争観をいっそうあからさまに国民に押しつけようとする〝靖国〟派の政治的な思惑が明示されている以上、靖国参拝をきっぱりとやめることが、首相としてとるべき政治的決断ではないでしょうか。

私たちは、かさねて、小泉首相にそのことを強く求めるものです。

その決断は、過去の戦争や植民地支配にたいする日本の反省に誠実な裏付けがあることを世界に示し、日本が現在おちいっている外交的ゆきづまりを打開する上でも、必ずや大きな力を発揮するでしょうし、そのことは日本の未来に必ず重要な影響をおよぼすでしょう。

（署名・北条徹「しんぶん赤旗」二〇〇五年六月一一日付）

不破哲三（ふわ　てつぞう）

1930年生まれ

主な著書「史的唯物論研究」「講座『家族・私有財産および国家の起源』入門」「自然の弁証法―エンゲルスの足跡をたどる」「エンゲルスと『資本論』」（上・下）「レーニンと『資本論』」（全７巻）「マルクスと『資本論』」（全３巻）「『資本論』全三部を読む」（全７巻）「古典研究　マルクス未来社会論」「古典研究　議会の多数を得ての革命」「古典への招待」（全３巻）「マルクス、エンゲルス　革命論研究」（上・下）「『資本論』はどのようにして形成されたか」「古典教室」（全３巻）「マルクスは生きている」（平凡社新書）「新・日本共産党綱領を読む」「報告集・日本共産党綱領」（党出版局）「党綱領の理論上の突破点について」（同前）「日本共産党史を語る」（上・下）「スターリンと大国主義」「日本共産党にたいする干渉と内通の記録」（上・下）「二十一世紀と『科学の目』」「ふたたび『科学の目』を語る」「アジア・アフリカ・ラテンアメリカ―いまこの世界をどう見るか」「21世紀の世界と社会主義」「『科学の目』講座・いま世界がおもしろい」「激動の世界はどこに向かうか―日中理論会談の報告」「歴史から学ぶ」「スターリン秘史」（第１巻～第３巻）「私の戦後六十年」（新潮社）「回想の山道」（山と渓谷社）「私の南アルプス」（同前）「宮本百合子と十二年」「小林多喜二―時代への挑戦」「同じ世代を生きて―水上勉・不破哲三往復書簡」「『科学の目』で見る日本と世界」「不破哲三　時代の証言」（中央公論新社）

「科学《かがく》の目《め》」で日本《にほん》の戦争《せんそう》を考える《かんが》

2015年３月20日　初　版
2015年６月５日　第４刷

著　者　不　破　哲　三
発行者　田　所　　稔

郵便番号　151-0051　東京都渋谷区千駄ヶ谷４－25－６
発行所　株式会社　新日本出版社
電話　03（3423）8402（営業）
03（3423）9323（編集）
info@shinnihon-net.co.jp
www.shinnihon-net.co.jp
振替番号　00130-0-13681
印刷・製本　光陽メディア

落丁・乱丁がありましたらおとりかえいたします。

ISBN978-4-406-05886-5　C0031　Printed in Japan